ENCICLOPÉDIA DOS
BOLOS

Dados Internacionais de Catalogação na Publicação (CIP)
(Câmara Brasileira do Livro, SP, Brasil)

Sommavilla, Otávia

Enciclopédia dos bolos: vol. 1, básico / Otávia Sommavilla. – São Paulo: Editora Melhoramentos, 2019.

ISBN 978-85-06-08409-0

1. Bolos (Culinária) 2. Culinária 3. Gastronomia 4. Receitas I. Título.

18-23094　　　　　　　　　　　　　　CDD-641.8653

Índices para catálogo sistemático:

1. Bolos: Receitas: Culinária: Economia doméstica 641.8653

Iolanda Rodrigues Biode - Bibliotecária - CRB-8/10014

Obra conforme o Acordo Ortográfico da Língua Portuguesa

© Otávia Sommavilla
© 2019 Editora Melhoramentos Ltda.
Todos os direitos reservados.

Projeto gráfico e diagramação: Cris Viana - Estúdio Chaleira
Fotografia: Emiliano Boccato
Produção de fotografia: Otávia Sommavilla
Fotografia autora: Henrique Peron
Tratamento de imagem: Robson Mereu - Estúdio M
Consultoria editorial gastronômica: André Boccato

A autora e a editora Melhoramentos agradecem a colaboração da loja Barradoce e da Blend Coberturas, que emprestaram materiais, e a loja Fêtes Locações, que emprestou todas as louças.

1ª edição, novembro de 2019
ISBN: 978-85-06-08409-0

Atendimento ao consumidor:
Caixa Postal 729 - CEP 01031-970
São Paulo - SP - Brasil
Tel.: (11) 3874-0880
sac@melhoramentos.com.br
www.editoramelhoramentos.com.br

Impresso na China

OTÁVIA SOMMAVILLA

ENCICLOPÉDIA DOS
BOLOS

Vol. 1 – *básico*

SUMÁRIO

Capítulo 1
O BOLO 7

Capítulo 2
REGRAS BÁSICAS 9
INGREDIENTES E RECEITAS 9
UTENSÍLIOS E EQUIPAMENTOS 11

Capítulo 3
ASSANDO O BOLO –
POR QUE O BOLO CRESCE? 13
DESENFORMANDO O BOLO 13
CONGELANDO BOLOS 13

Capítulo 4
TÉCNICAS BÁSICAS PARA
AERAÇÃO DOS BOLOS 15

Capítulo 5
FICHAS TÉCNICAS 17

BIBLIOGRAFIA 182
SOBRE A AUTORA 183

BOLOS Simples

Bolo simples de passas	21
Bolo do ator	23
Cuca de banana	25
Bolo invertido de abacaxi	27
Bolo de claras	29
Bolo inglês de alcaravia	31
Bolo de café	33
Bolo úmido de laranja	35
Bolo de iogurte	37
Bolo mármore	39
Bolo de figos	41
Crumble cake de maçã	43
Bolo mármore de canela	45
Bolo húngaro	47
Bolo simples de gengibre	49
Bolo de laranja e chocolate	51
Bolo de nata	53
Bolo de tapioca	55
Bolo divino de laranja com coco	57
Bolo 13 de maio	59
Bolo Tres Leches	61
Bolo de nozes	63
Bolo de caramelo	65
Bolo cítrico de azeite	67
Bolo de abobrinha	69
Bolo suíço de cenoura	71
Pain de gênes	73
Bolo francês de chocolate	75
Gâteau magique	77
Bolo de polpa de maracujá	79
Bolo de aveia e frutas secas	81
Bolo de chocolate trapaceiro	83
Bolo podre	85
Bolo Toalha Felpuda	87
Bolo cremoso de chocolate	89
Bolo espanhol	91
Bolo de arroz	93
"Pão de ló" de água	95
Brownie clássico	97
Angel Food Cake	99
Pão de ló tradicional	101
Bolo siciliano	103
Bolo dourado	105
Pound Cake	107
Bolo de banana com farinha de rosca	109
Bolo de fubá com goiabada	111
Bolo de coco	113
Bolo de batata-doce	115
Bolo formigueiro	117
Bolo cremoso de milho com coco	119
Bolo simples de fubá	121
Bolo de maracujá	123
Bolo de laranja com casca	125
Bolo de banana	127
Bolo cremoso de milho e queijo	129
Bolo de abóbora com coco	131
Bolo de fubá de massa cozida	133
Bolo simples de limão-siciliano	135
Bolo de melado	137
Bolo de aipim	139
Bolo de ameixa-preta	141
Bolo amanteigado de chocolate	143
Bolo chiffon de baunilha	145
Bolo chiffon de chocolate	147
Bolo simples de cenoura	149
Bolo grego de semolina	151
Bolo de maçã	153
Bolo chiffon das Índias	155
Piernik	157
Gingerbread	159
Blondie de banana com aveia	161
Financiers	163
Bolo de banana com caramelo de coco	165
Muffins de iogurte e chocolate	167
Bolo de chocolate vegano e sem glúten	169
Morning Glory Muffins	171
Blondie vegano com gotas de chocolate	173
Muffins veganos de granola	175
Muffins de mirtilo	177
Bolinho na xícara	179
Bolo de chocolate com pera	181

Capítulo 1

O BOLO

O bolo é a comida afetiva por excelência. É símbolo de agrado, conforto – e também de festa! Pode até ser *sinônimo* de festa, quando o aniversário vira "um bolinho lá em casa".

Bolos são deliciosos por si só e também podem ser a base de sobremesas variadas e sofisticadas.

Há séculos a humanidade se delicia com eles. O primeiro bolo provavelmente derivou de uma receita de pão, e ainda hoje os dois tipos de receitas podem se confundir um pouco. Quem é que nunca parou para pensar por que o "pão de mel" (que é um bolinho) se chama "pão de mel"?

Mas o que é um bolo mesmo?

Segundo Harold McGee, "Um bolo é uma rede de farinha, ovos, açúcar e manteiga (ou gordura vegetal hidrogenada), uma estrutura delicada que rapidamente se desagrega na boca e a preenche com um delicioso sabor"[1]. Mas será que muitos pães não se enquadrariam nessa definição? Afinal, o que é um bom brioche senão uma rede de farinha, ovos, açúcar etc.?

Optei por organizar este livro segundo a orientação da *Larousse Gastronomique*, que coloca na categoria de pães as massas doces cuja fermentação acontece a partir de um fermento biológico, e na categoria dos bolos as demais receitas. Afinal, há vários exemplos de bolos que não precisam de fermento.

Esta obra em três volumes é uma coletânea de receitas, técnicas e estilos de bolos em todos os seus momentos, dos mais simples e caseiros aos mais sofisticados e contemporâneos.

Bolos sempre são associados a celebrações.

Segundo o professor Raul Lody, na apresentação do *Dicionário do Doceiro Brasileiro*[2], o papel do bolo sempre foi marcar e acompanhar os momentos de uma sociedade. Bolos são, por definição, uma comida reconfortante, e cada contexto demanda um estilo diferente. Aquele cafezinho no final da tarde combina mesmo é com um bom bolo de fubá ou de milho cremoso, enquanto um jantar elegante pede um *entremet* bem mais elaborado e decorado com esmero. Se for um casamento, muitas e muitas camadas cobertas de açúcar, com flores e guirlandas vibrantes, enquanto um café da manhã com bolo de cenoura é imbatível. Cada um perfeito para um momento especial.

Nosso Brasil tem uma linda herança de preparo dos mais variados e deliciosos tipos de bolos. Grande parte dela se deve à cultura da cana no Nordeste brasileiro e à riquíssima doçaria que se desenvolveu dentro dos engenhos, que combinava a tradição portuguesa com exóticos ingredientes do Novo Mundo (como as espécies de mandioca aqui encontradas). Gândavo se referiu aos bolos de aipim e, em "Notícia do Brasil", de Gabriel Soares de Souza, o autor conta que "Desta carimã e pó dela bem peneirado fazem os portugueses muito bom pão, e bolos amassados com leite

[1] MCGEE, Harold. *Comida e cozinha*: Ciência e cultura da culinária. 2. ed. São Paulo: WMF Martins Fontes, 2014, p. 616.

[2] DIEGO, Antonio José de Souza. *Dicionário do doceiro brasileiro*. Organização de Raul Lody. São Paulo: Editora SENAC, 2010.

[3] MOURA HUE, Sheila. *Delícias do Descobrimento*. Col. Ângelo Augusto dos Santos e Ronaldo Menegaz. Rio de Janeiro: Jorge Zahar Editora, 2008.

e gemas de ovos, e desta mesma massa fazem mil invenções de beilhós" (citado em *Delícias do Descobrimento*[3]). Esclarece assim que as portuguesas faziam os doces de sua terra natal com novos ingredientes.

Portugal contava com enorme tradição no preparo de vários tipos de bolos. Embora a análise de várias receitas antigas as aproxime mais de pães, há inúmeros exemplos de bolos que eram populares e faziam parte do repertório de toda cozinheira. Gilberto Freyre recorda, em *Açúcar,* que uma receita de bolo já constava no mais antigo livro português de receitas. Em *A Arte de Cozinha*, de Domingos Rodrigues (cuja primeira edição é de 1680), aparece, entre outras, a receita do "bolo de bacia". Raul Lody afirma que no "reino" o bolo representava a solidariedade humana, o compartilhar. Era um presente significativo, capaz de estreitar laços (*Dicionário do Doceiro Brasileiro*).

Mais tarde, outras trocas culturais e migrações contribuíram ainda mais para o enriquecimento desse repertório gastronômico.

Capítulo 2

O êxito de uma receita de bolo depende do equilíbrio delicado entre proteínas, gorduras e açúcares provenientes dos ingredientes comumente usados, e também da formação de pequenas bolhas de ar, presas à massa com o cozimento, resultando na leveza e no sabor que fazem tanto sucesso.

Alguns bolos se destacam por serem mais densos e de sabor pungente, como o brownie ou o bolo de frutas. Nesses casos, a receita proporciona um resultado bem característico.

REGRAS BÁSICAS

Existem vários métodos para o preparo dos bolos, mas algumas regras são gerais e se aplicam a qualquer receita:

- Os ingredientes secos devem sempre ser peneirados.
- Após a farinha ser acrescentada à massa, não se deve bater a mistura demasiadamente.
- O fermento e/ou o bicarbonato de sódio devem ser peneirados juntamente com a farinha de trigo, garantindo-se assim sua perfeita distribuição na massa.
- Os ingredientes devem estar em temperatura ambiente.
- Atenção para a medida correta dos ingredientes: é sempre preferível pesar tudo a utilizar medidas caseiras (xícaras, colheres etc.), já que há uma enorme variação entre os tamanhos de utensílios, o que pode interferir na receita. Com o objetivo de proporcionar a maior precisão possível e garantir tanto o sucesso da receita como a regularidade da mesma, todos os ingredientes listados neste livro aparecem com seu peso em gramas, inclusive os líquidos. A única exceção são os ovos, utilizados em unidades e tendo como referência ovos grandes (tipo 2, com peso mínimo de 55 g por unidade).

INGREDIENTES E RECEITAS

Antes de começar o preparo de qualquer receita, é muito importante ler todos os seus passos e se certificar de que há tempo para realizá-lo. O passo seguinte é fazer sua *mise en place*, expressão em francês que significa separar e pesar todos os ingredientes antes de começar o preparo.

Os ingredientes demandam cuidado e atenção. Muitas vezes uma receita não funciona por conta de um detalhe, como usar manteiga gelada quando a receita pede em temperatura ambiente, ou trocar a farinha de trigo branca por integral. Cada "fórmula" é pensada para funcionar de determinada maneira. A qualidade dos ingredientes usados também determina a qualidade do produto final.

Manteiga: A não ser que haja alguma indicação específica sobre seu uso, deve-se sempre utilizar manteiga sem sal nas receitas, porque a quantidade de sal pode ser mais facilmente controlada, e por seu sabor mais suave.

Quanto à temperatura, em geral o ideal é que a manteiga esteja cremosa. Em dias de muito calor, meia hora fora da geladeira já é suficiente para tal.

Ovos: Sempre prefiro ovos orgânicos, e as receitas deste livro foram pensadas considerando ovos grandes.

É muito importante que os ovos estejam frescos. Por segurança, quebre-os em um pequeno recipiente antes de acrescentá-los à receita, para ter certeza do seu frescor. O ovo deve ter odor característico, mas não excessivamente forte. Quando a receita pede claras em neve, é muito importante que a tigela e as pás da batedeira estejam muito limpas, livres de qualquer vestígio de gordura e muito bem secas. Caso contrário, as claras não irão crescer.

Por uma questão de segurança alimentar, não devemos consumir ovos crus ou mal cozidos, já que ovos podem estar contaminados por bactérias.

Chocolate: Atente para os diferentes produtos disponíveis no mercado. Achocolatados feitos para serem adicionados ao leite contêm bastante açúcar e pouco cacau, não sendo indicados para confeitaria em geral. O chocolate em pó está disponível em diferentes teores de cacau, e meu preferido é o que tem 50% de cacau.

Já o cacau puro só deve ser utilizado em receitas quando indicado, não sendo um bom substituto para o chocolate em pó por conta de seu sabor mais forte.

No caso do chocolate em barra, prefira as marcas com alto percentual de cacau. As chamadas "Coberturas sabor chocolate" são produtos criados para facilitar a vida do confeiteiro, pois não precisam passar pelo processo de temperagem, recomendado quando utilizamos chocolate em barra, e são indicadas para revestimento de doces, como pães de mel e pirulitos. Não devem ser utilizadas para recheios nem massas de bolo.

Baunilha: A verdadeira baunilha é uma fava que cresce de uma linda orquídea, com aroma e sabor inigualáveis. É um produto delicado, com o inconveniente de ter alto custo e, por isso, é muitas vezes substituída por essências artificiais. Sempre que possível, dê preferência à baunilha natural, ou a extratos e pastas feitos de baunilha natural.

Cítricos: Raspas de laranja e limão acrescentam muito perfume às preparações. Entretanto, para um bom resultado, é imprescindível que apenas a parte fina e colorida da casca seja ralada, evitando-se a parte branca e amarga, que pode estragar qualquer prato.

Farinha: A grande maioria dos bolos ganha estrutura graças à farinha de trigo. Nesse caso, podemos usar farinha comum. Na Europa e América do Norte, há diversas classificações para os tipos de farinha, que levam em conta o percentual de proteína presente. Por esse motivo, encontramos tais informações em algumas receitas.

No Brasil, encontramos as farinhas segundo a classificação adotada pelo Ministério da Agricultura, que as divide em tipos 1, 2 e integral, sendo a do tipo 1 a que encontramos nos mercados como farinha branca. Na confecção de bolos, uma farinha branca de uso geral funciona para todas as receitas.

Algumas receitas pedem farinha de amêndoas. Nesse caso, recomendo utilizar o produto industrializado, por ter uma granulação mais fina do que a farinha de amêndoas produzida em casa.

Muitas receitas brasileiras também costumam acrescentar amido de milho ou fécula de batata à receita.

Excepcionalmente, no caso de bolos sem glúten, também utilizamos farinha de arroz, farinha de grão-de-bico, fécula de batata, amido de milho e fécula de mandioca.

Açúcar e adoçantes: O tipo de açúcar mais utilizado na confeitaria é o refinado. Em geral, o demerara produz resultados semelhantes nos bolos, mas recomendo que ele seja batido no liquidificador para que ganhe uma textura mais fina, semelhante ao açúcar refinado tradicional.

O açúcar mascavo tem um delicioso sabor de cana, é mais pesado, menos doce, bem mais úmido e escuro. Com exceção das receitas à base de açúcar mascavo, não recomendo que seja usado para substituir o refinado, já que o resultado final será diferente.

Eventualmente, melado e mel podem ser usados. Além de adoçar, ambos acrescentam um sabor superespecial.

Óleo: Gosto de usar óleo de girassol refinado nas minhas receitas, mas o de soja e o de milho podem ser usados também. O óleo de coco também é igualmente muito bom, mas vale lembrar que o extravirgem tem sabor e aroma de coco e acaba deixando sua marca no resultado da receita. Óleos de milho e canola também dão bons resultados.

Não substitua a manteiga das receitas por óleo. Da mesma forma, trocar o óleo por manteiga derretida não vai funcionar.

Bolos que usam óleo como gordura são bem úmidos e leves, com receitas bastante práticas.

Neste livro, algumas receitas pedem azeite, uma influência tradicional europeia de uma época em que esta era a gordura mais comum e disponível. São bolos com bastante personalidade e, para que fiquem mais agradáveis ao nosso paladar, minha dica é usar azeites de sabor bem suave.

Sal e especiarias: Muita gente acha estranho o sal aparecer como ingrediente de confeitaria, mas ele é importantíssimo, pois realça todos os outros sabores da receita. Então, não deixe de colocar quando indicado.

As especiarias mais usadas são canela, cravo e noz-moscada. Recomendo comprá-las já moídas pela facilidade na hora de utilizar. É muito importante que sejam frescas, por terem aroma muito mais rico.

Fermento: A massa do bolo pode pedir fermento em pó químico, bicarbonato de sódio ou mesmo uma combinação de ambos. Respeite a quantidade indicada na receita e não troque um pelo outro, pois eles agem de modo diferente.

É possível encontrar receitas de "bolos" que pedem o uso de fermento biológico (usado para pães), mas como tecnicamente não seriam bolos, não aparecem neste livro.

Creme de leite: Quando uma receita pedir creme de leite, utilize o fresco, com 35% de gordura. Ele deixa tudo muito mais cremoso, e seu sabor sutil não briga com os demais ingredientes.

Infelizmente, o creme de leite fresco não é facilmente encontrado em diversas regiões do Brasil; nesse caso, a alternativa é substituí-lo por creme de leite de lata ou de caixinha. Estes não devem ser fervidos. Por conterem espessantes, sua proporção no caso de ganaches e recheios de chocolate é diferente da usada para o creme fresco.

UTENSÍLIOS E EQUIPAMENTOS

Batedeira: Sempre podemos fazer bolos à mão, mas em alguns casos o sucesso da receita vai depender de mais de 10 minutos de batimento contínuo, o que dificulta o processo. Por isso, a batedeira é um dos itens que vale a pena ter na cozinha.

As batedeiras de mão são práticas para alguns tipos de receita, mas se você for investir em um único estilo prefira uma planetária. Com um movimento mais abrangente e três opções de batedores, funciona para todas as receitas – e vai facilitar a sua vida.

Peneira: Muito importante para peneirar farinha e outros ingredientes secos, garantindo pureza e uma mistura mais eficiente.

Fouet: Meu utensílio preferido! Muito útil para uma mistura perfeita e aerada dos ingredientes. Vale a pena ter pelo menos um tradicional, de preferência de aço inox, que será resistente e multiúso, e um revestido de silicone, caso utilize panelas com revestimento antiaderente.

Espátula de silicone: O antigo e famoso "pão-duro" hoje está disponível em modelos, tamanhos e cores variadas. Uso para misturar e também para raspar todos os cantinhos da tigela, com zero desperdício.

Aros e assadeiras: Para bolos, recomendo assadeiras com, em média, 7 cm de altura. Vale a pena ter pelo menos um jogo de assadeiras retangulares, um de redondas e dois tamanhos das que têm um buraco no centro. Os aros são usados para montagem, garantindo um acabamento perfeito.

As melhores opções para assar qualquer tipo de massa de bolo, com raras exceções, são as assadeiras feitas de materiais altamente condutores de calor. O exemplo mais comum e barato é o alumínio.

Assadeiras de vidro não são recomendadas.

O tamanho também é um fator extremamente importante: para que as receitas se desenvolvam corretamente no forno, o ideal é que a massa crua do bolo ocupe no máximo metade da altura da fôrma, garantindo-se assim seu cozimento perfeito.

Faca de serra: Uma faca longa e com a lâmina de serra é perfeita para fatiar massas de bolo para rechear.

Espátula de metal: Ideal para espalhar recheio e coberturas e dar acabamento na superfície do bolo.

Termômetro de confeitaria: Indispensável para fazer com tranquilidade e sucesso tudo o que dependa de caldas de açúcar e seus pontos corretos, além de tornar todas as receitas bem mais precisas.

Papel-manteiga: Muito útil para forrar fundos de assadeiras, especialmente as que não têm fundo falso, em casos de bolos que devem ser desenformados.

Sempre unto a fôrma, coloco o papel e unto novamente.

Desmoldantes: Produtos industrializados feitos para facilitar o processo de untar e enfarinhar fôrmas, os desmoldantes têm as vantagens de ser muito mais práticos (são aplicados em spray) e garantir que o bolo não vai grudar. Na minha opinião, têm um aroma desagradável e, por isso, sou a favor da dupla manteiga e farinha, salvo no caso de produções enormes.

Balança digital: Um dos investimentos mais importantes em uma cozinha de confeitaria, a balança torna todas as receitas muito mais precisas. Existem várias opções no mercado com preços acessíveis.

Capítulo 3

ASSANDO O BOLO – POR QUE O BOLO CRESCE?

É importante que o forno seja preaquecido por pelo menos 10 minutos, e a maior parte das receitas deve ser assada a 180 °C.

Para que um bolo asse, três processos distintos acontecem:

A **expansão** da massa, quando, por meio do calor, as bolhas de ar da mistura se expandem, e o fermento libera dióxido de carbono.

A **coagulação** da massa, graças ao cozimento das proteínas dos ovos e do amido das farinhas.

A consolidação desse processo, quando ocorre o **escurecimento** da massa, intensificando o sabor final do bolo.

Caso o forno seja aberto antes do término do processo, a queda brusca de temperatura interferirá negativamente nas reações que ocorrem na massa, e o bolo não crescerá nem ficará fofo. Via de regra, aguardamos pelo menos 30 minutos antes de checar se o bolo está assado. É importante verificar pelo visor do forno se a massa já está crescida e dourada. Antes de testá-la, recomendo tocar sua superfície: uma massa assada se comporta como uma esponja, voltando ao lugar depois de tocada.

DESENFORMANDO O BOLO

Grande parte das receitas produz melhores resultados se o bolo esfriar um pouco antes de ser desenformado. É importante aguardar pelo menos 10 minutos.

Alguns tipos de bolos aerados, como os chiffon e angel cakes devem esfriar de cabeça para baixo, para evitar que desmontem. Por este motivo, fôrmas próprias para *angel cake* já vêm com pés acoplados, facilitando que sejam invertidas e apoiadas com espaço suficiente para a circulação de ar e o resfriamento do bolo.

CONGELANDO BOLOS

A maioria das massas de bolo pode ser congelada depois de assada. Para tal, é importante que a massa esteja totalmente fria. Caso contrário, o vapor da massa quente deixará o bolo úmido demais.

O bolo a ser congelado deve ser embalado em filme plástico e papel-alumínio.

A maioria dos bolos mantém suas características inalteradas por um mês no freezer.

Capítulo 4

Muitos livros de confeitaria subdividem os bolos de acordo com a técnica utilizada na receita para aerar a massa: bolos cuja manteiga ou gordura é batida com açúcar, bolos de mistura simples, bolos em que os ovos e o açúcar são batidos, e assim por diante. Podemos dizer até que não há um consenso entre os principais autores acerca de quantos métodos existem, visto que muitas vezes são apresentadas nomenclaturas diferentes para técnicas semelhantes.

Por este motivo, optei por dividir as receitas de acordo com seu apelo, estilo e resultado, que acredito ser o parâmetro buscado pelo grande público. Assim, neste primeiro volume, estão contemplados os bolos simples.

TÉCNICAS BÁSICAS PARA AERAÇÃO DOS BOLOS

Embora existam milhares de receitas de bolo, quase todas seguem uma dentre quatro técnicas fundamentais para o batimento da massa.

O objetivo dessas técnicas é permitir a formação da melhor estrutura possível, na proporção indicada na receita, de proteínas, açúcar e gorduras, resultando em um bolo com todas as suas características presentes.

Os diferentes métodos de aeração dos bolos resultam em grupos ou estilos de bolos com características diversas. Por esse motivo, o recomendado é sempre seguir as instruções da receita. Nem todo bolo se beneficiará da adição de claras em neve no final da receita, por exemplo. Da mesma forma, nem todo bolo é fofo e etéreo como um pão de ló; massas saborosas e densas como as de brownies conquistaram uma legião de fãs.

São, portanto, técnicas básicas:

1. **Aeração do açúcar com a gordura:** A primeira etapa é o batimento do açúcar com a manteiga ou outra gordura da receita, sendo seguida da adição dos demais ingredientes.
2. **Aeração dos ovos com o açúcar:** A primeira etapa é o batimento do açúcar com os ovos inteiros ou apenas as gemas até que a mistura esteja muito fofa e clara, adicionando-se depois os demais ingredientes.
3. **Aeração de todos os ingredientes juntos:** Receitas em geral muito práticas, em que tudo é batido junto.
4. **Ausência de aeração:** Receitas em que os ingredientes são unidos e há o mínimo de batimento possível, para que a massa não fique pesada.

Capítulo 5

FICHAS TÉCNICAS

Na gastronomia profissional, as receitas são organizadas em fichas técnicas; tabelas que trazem os ingredientes, as instruções precisas de preparo e informações relativas aos custos. Caso seu objetivo seja vender seus bolos, a ficha técnica é imprescindível. Por meio dela é possível garantir que, cada vez que a receita for realizada, o resultado seja o mesmo, garantindo a regularidade que um cliente procura. Além disso, as medidas precisas, a relação de ingredientes e seus valores e de quantidades de referência garantem o cálculo correto do custo unitário, primeiro fator para a elaboração correta do preço.

Existem inúmeros modelos de fichas técnicas. A tabela a seguir traz um exemplo simples e funcional.

Ingrediente	Peso/volume da receita	Valor de compra	Peso/volume do insumo	Custo do ingrediente
Farinha de trigo	200 g	R$ 3,00	1000 g	R$ 0,60

Na primeira coluna, temos os ingredientes da receita. Na segunda, as quantidades utilizadas, sempre indicadas em uma unidade de medida padronizada, como quilos, gramas ou mililitros. Na sequência, uma coluna com os valores de referência, que informam o preço pago pelo produto e, em seguida, a quantidade em que ele é comprado. Por meio de um cálculo matemático simples, chegamos aos custos de cada ingrediente utilizado e também ao custo final da receita.

Exemplo:
1 kg de farinha de trigo custa R$ 3,00
1 kg = 1000 g de farinha de trigo
Na receita, utilizamos 200 g de farinha de trigo. Logo:

1000 g —— R$ 3,00
200 g —— X
X= 200 × 3,00 ÷ 1000
X= 0,60

Logo, 200 g de farinha de trigo têm o custo de R$ 0,60.

Procedemos da mesma maneira com todos os ingredientes e, assim, encontramos o custo total da receita e o custo por porção.

Abaixo das colunas, inclui-se o modo de preparo, com todas as instruções relevantes para o sucesso da receita.

Vale lembrar que a tabela deve ser atualizada sempre que houver alteração nos preços dos produtos.

BOLOS
Simples

Esta seção é dedicada exclusivamente aos bolos caseiros, sem recheios ou confeitos. Sem muita frescura, mas com muito sabor! São bolos perfeitos para o café da manhã ou chá da tarde. Alguns têm como característica uma massa fofa e aerada, e outros são densos e cremosos, podendo ser preparados com os mais diversos métodos. Algumas receitas têm uma cobertura bem suave, de fácil preparo.

Bolo simples de passas

Perfeito para acompanhar um chá.

INGREDIENTES

120 G DE MANTEIGA SEM SAL EM TEMPERATURA AMBIENTE

200 G DE AÇÚCAR

4 OVOS

350 G DE FARINHA DE TRIGO

200 G DE UVAS-PASSAS PRETAS E BRANCAS MISTURADAS, SEM SEMENTE

15 G DE FERMENTO EM PÓ

1. Bata a manteiga com o açúcar até obter um creme e adicione os ovos, um a um, batendo bem após cada adição.
2. Misture uma colher de sopa de farinha às uvas-passas e mexa bem.
3. Peneire a farinha restante com o fermento e acrescente delicadamente à mistura de ovos e manteiga. Por fim, adicione as passas.
4. Despeje a massa em uma fôrma de bolo inglês, untada e enfarinhada, e leve ao forno preaquecido a 180 °C, até que um palito espetado no centro saia seco. Corte em fatias e sirva.

Bolo do ator

(Twelfth Night Cake)

Este bolo é uma tradição inglesa. Conta-se que, ao morrer, o ator e confeiteiro Robert Bradley deixou um fundo para que todos os anos fosse oferecida uma pequena festa aos atores do teatro onde trabalhou.

INGREDIENTES

- 240 G DE FARINHA DE TRIGO
- 15 G DE FERMENTO EM PÓ
- 1 PITADA DE SAL
- 2 G DE NOZ-MOSCADA RALADA
- 250 G DE MANTEIGA SEM SAL EM TEMPERATURA AMBIENTE
- 250 G DE AÇÚCAR
- 4 OVOS
- 350 G DE UVAS-PASSAS, POLVILHADAS COM 20 G DE FARINHA DE TRIGO
- 150 G DE FRUTAS CRISTALIZADAS VARIADAS PICADAS
- 100 G DE AMÊNDOAS SEM PELE PICADAS
- 80 G DE CONHAQUE

GLACÊ

- 2 CLARAS
- 500 G DE AÇÚCAR DE CONFEITEIRO
- 20 G DE SUCO DE LIMÃO

MASSA

1. Peneire a farinha com fermento, sal e noz-moscada. Reserve.
2. Bata a manteiga com o açúcar até clarear e acrescente os ovos um a um. Adicione a isso a mistura de farinha e, por fim, as frutas, as amêndoas sem pele e o conhaque.
3. Coloque a massa em uma fôrma redonda de 22 cm de diâmetro, untada com manteiga e forrada com papel-manteiga, e leve ao forno preaquecido a 160 °C por aproximadamente 1 hora e meia ou até que, espetando um palito, este saia seco.
4. Retire do forno, deixe esfriar por 10 minutos e desenforme sobre uma grade. Cubra com o glacê.

GLACÊ

Misture todos os ingredientes e reserve (coberto) até a hora de utilizar.

Cuca de banana

INGREDIENTES

200 G DE MANTEIGA SEM SAL

400 G DE AÇÚCAR

6 OVOS

480 G DE FARINHA DE TRIGO

15 G DE FERMENTO EM PÓ

200 G DE LEITE

6 BANANAS NANICAS MADURAS

5 G DE CANELA EM PÓ

25 G DE AÇÚCAR CRISTAL

1. Bata a manteiga com o açúcar até formar um creme. Junte as gemas e bata bem. Reserve as claras.
2. Acrescente a farinha peneirada com o fermento, alternando com o leite.
3. Bata claras em neve e acrescente-as delicadamente, com movimentos suaves, de baixo para cima.
4. Coloque a massa em uma assadeira redonda de aproximadamente 25 cm de diâmetro, untada e enfarinhada.
5. Corte as bananas em fatias bem finas, no sentido do comprimento, e disponha as fatias sobre a massa de forma decorativa. Polvilhe com a canela misturada ao açúcar cristal.
6. Leve ao forno preaquecido a 180 °C por aproximadamente 35 minutos ou até que esteja crescido, dourado e, espetando um palito, ele saia seco.
7. Espere esfriar totalmente para cortar.

Bolo invertido de abacaxi

INGREDIENTES

4 OVOS

220 G DE MANTEIGA SEM SAL EM TEMPERATURA AMBIENTE

400 G DE AÇÚCAR

480 G DE FARINHA DE TRIGO

15 G DE FERMENTO EM PÓ

200 G DE LEITE

500 G DE FATIAS DE ABACAXI EM CALDA ESCORRIDO

100 G DE AMEIXA SECA SEM CAROÇO

1. Bata as claras em neve e reserve.
2. Em outro recipiente, bata as gemas, a manteiga e o açúcar até obter um creme fofo e claro.
3. Peneire a farinha de trigo com o fermento e acrescente à mistura, alternando com o leite. Por fim, adicione as claras em neve.
4. Unte uma fôrma redonda lisa de aproximadamente 24 cm de diâmetro com manteiga e polvilhe com açúcar. Disponha as fatias de abacaxi de forma decorativa e coloque as ameixas no centro delas. Despeje a massa cuidadosamente sobre o abacaxi.
5. Leve ao forno preaquecido a 180 °C e asse até que a massa cresça e doure (aproximadamente 35 minutos). Retire a fôrma do forno, espere amornar e desenforme em um prato, invertendo o bolo.

Bolo de claras

INGREDIENTES

150 G DE MANTEIGA SEM SAL

300 G DE AÇÚCAR

380 G DE FARINHA DE TRIGO

15 G DE FERMENTO EM PÓ

200 G DE LEITE

5 CLARAS

1. Bata a manteiga com o açúcar até obter um creme.
2. Peneire a farinha com o fermento e adicione à mistura, alternando com o leite.
3. Acrescente as claras batidas em neve e misture delicadamente.
4. Coloque a mistura em uma fôrma untada e enfarinhada de 24 cm de diâmetro, e leve ao forno preaquecido a 180 °C.

Bolo inglês de alcaravia

INGREDIENTES

135 G DE MANTEIGA SEM SAL EM TEMPERATURA AMBIENTE

150 G DE AÇÚCAR

5 G DE EXTRATO DE BAUNILHA

2 OVOS

150 G DE FARINHA DE TRIGO

5 G DE FERMENTO EM PÓ

30 G DE AMIDO DE MILHO

2 G DE SEMENTES DE ALCARAVIA OU KÜMMEL

50 G DE PASSAS BRANCAS SEM SEMENTE

1. Bata a manteiga com o açúcar e a baunilha até que a mistura fique fofa e clara. Acrescente os ovos inteiros, um a um. Peneire a farinha com o fermento e o amido de milho e acrescente à massa, misturando. Por fim, adicione as sementes de alcaravia e as passas.

2. Coloque em uma fôrma de bolo inglês pequena com o fundo forrado com papel-manteiga ou em uma fôrma de bundt cake de 18 cm de diâmetro, untada, e leve ao forno preaquecido a 180 °C até que, espetando um palito no bolo, ele saia limpo e seco.

3. Espere esfriar por 10 minutos, desenforme e deixe esfriar sobre uma grade.

Bolo de café

INGREDIENTES

200 G DE MANTEIGA SEM SAL EM TEMPERATURA AMBIENTE

380 G DE AÇÚCAR

4 OVOS

480 G DE FARINHA DE TRIGO

15 G DE FERMENTO EM PÓ

70 G DE CAFÉ EXPRESSO FRIO

1. Bata a manteiga com o açúcar e as gemas até que a mistura fique bem fofa e clara.
2. Peneire a farinha com o fermento e adicione à mistura, alternando com o café frio.
3. Bata as claras em neve e acrescente-as, misturando delicadamente, com movimentos de baixo para cima.
4. Coloque em uma fôrma de buraco no centro de aproximadamente 24 cm de diâmetro, untada e enfarinhada.
5. Leve ao forno preaquecido a 180 °C e asse por aproximadamente 35 minutos ou até que, espetando um palito, ele saia seco.
6. Retire do forno, deixe esfriar por 15 minutos e desenforme.

Bolo úmido de laranja

INGREDIENTES

200 G DE MANTEIGA SEM SAL EM TEMPERATURA AMBIENTE

400 G DE AÇÚCAR

4 OVOS

560 G DE FARINHA DE TRIGO

15 G DE FERMENTO EM PÓ

510 G DE SUCO DE LARANJA COADO

50 G DE AÇÚCAR DE CONFEITEIRO

1. Bata a manteiga com o açúcar e acrescente as gemas, voltando a bater até que fique cremoso e claro.

2. Peneire a farinha com o fermento e incorpore à mistura, alternando com 170 g do suco de laranja. Não bata excessivamente. Junte as claras em neve e misture delicadamente.

3. Despeje em uma assadeira retangular (com aproximadamente 30 cm de lado) untada e enfarinhada e leve ao forno preaquecido a 180 °C, assando até que, espetando um palito, ele saia seco.

4. Misture o açúcar de confeiteiro com o suco restante e reserve.

5. Retire o bolo do forno e despeje a cobertura de suco de laranja.

6. Espere esfriar e corte em quadrados.

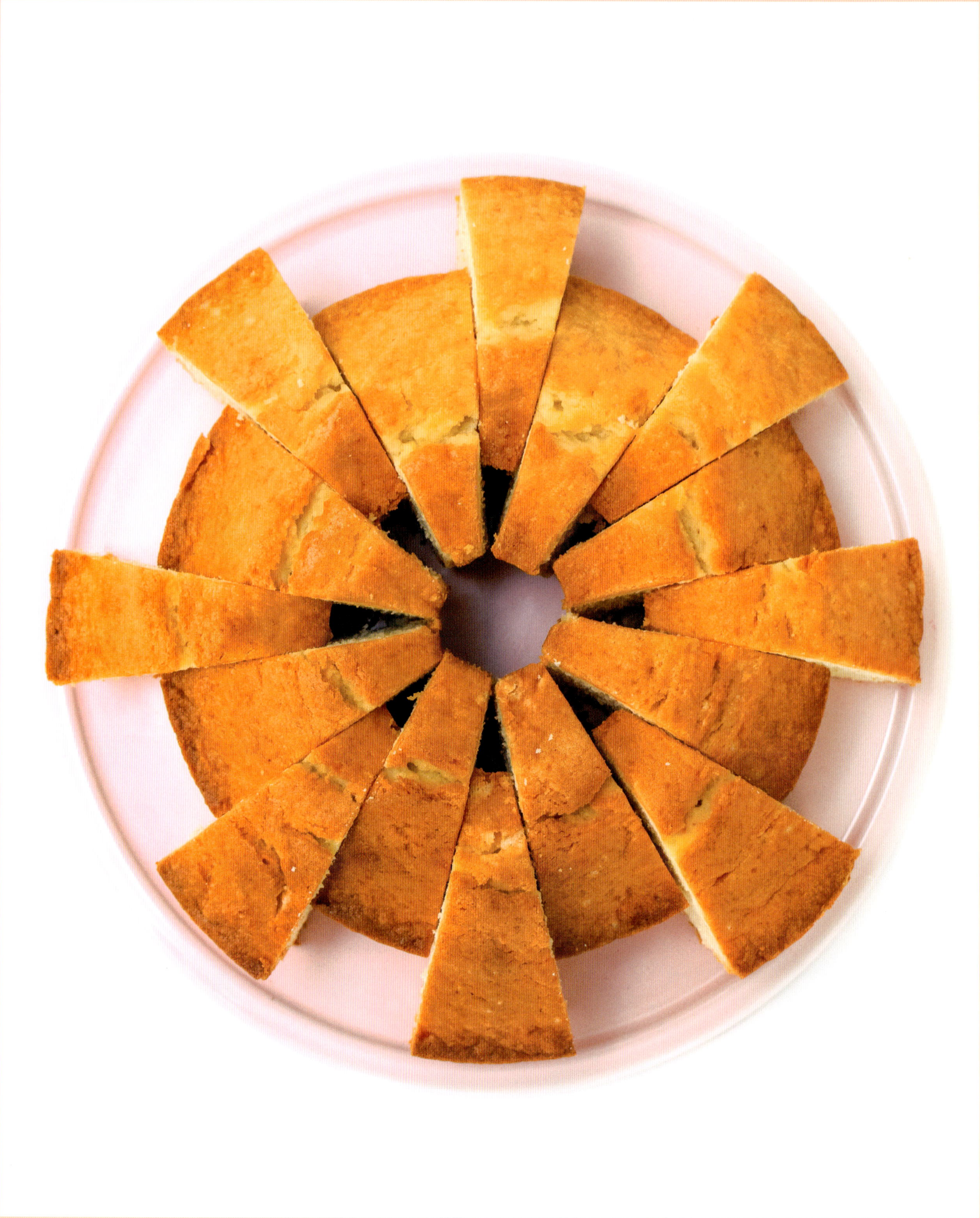

Bolo de iogurte

INGREDIENTES

200 G DE MANTEIGA SEM SAL EM TEMPERATURA AMBIENTE

250 G DE AÇÚCAR

4 OVOS

10 G DE FERMENTO EM PÓ

400 G DE FARINHA DE TRIGO

200 G DE IOGURTE NATURAL

1. Bata a manteiga com o açúcar até que a mistura fique clara e fofa (aproximadamente 5 minutos). Acrescente os ovos, um por um, batendo após cada adição.
2. Peneire a farinha com o fermento e junte à mistura, alternando com o iogurte.
3. Coloque a massa em uma fôrma redonda de buraco no centro, untada e enfarinhada, e leve ao forno preaquecido a 180 °C por aproximadamente 30 minutos.

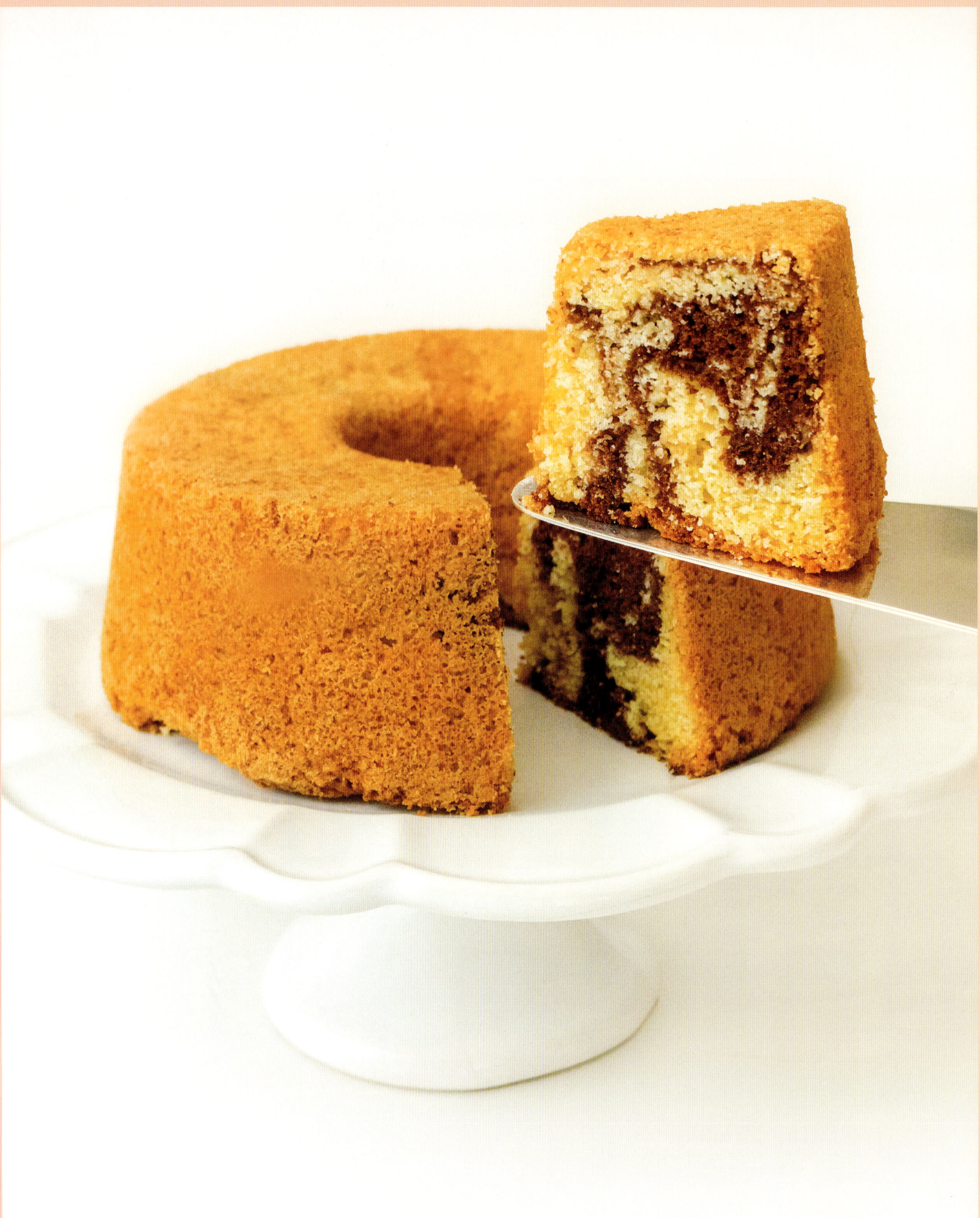

Bolo mármore

INGREDIENTES

320 G DE FARINHA DE TRIGO

15 G DE FERMENTO EM PÓ

5 G DE BICARBONATO DE SÓDIO

220 G DE MANTEIGA SEM SAL EM TEMPERATURA AMBIENTE

400 G DE AÇÚCAR

10 G DE ESSÊNCIA DE BAUNILHA

4 OVOS

30 G DE CACAU EM PÓ

50 G DE LEITE

1. Peneire a farinha com o fermento e o bicarbonato e reserve.
2. Bata a manteiga com o açúcar e a baunilha até que a mistura fique clara e fofa e acrescente os ovos, um a um.
3. Adicione à mistura de farinha e fermento e mexa bem para que fique homogêneo.
4. Misture o cacau ao leite e reserve.
5. Coloque 2/3 da massa na fôrma untada e enfarinhada. Misture o leite com cacau na massa restante, despeje no centro da massa já na fôrma e volte a misturar levemente com a ajuda de uma faca.
6. Leve ao forno preaquecido a 180 °C e asse por aproximadamente 40 minutos.

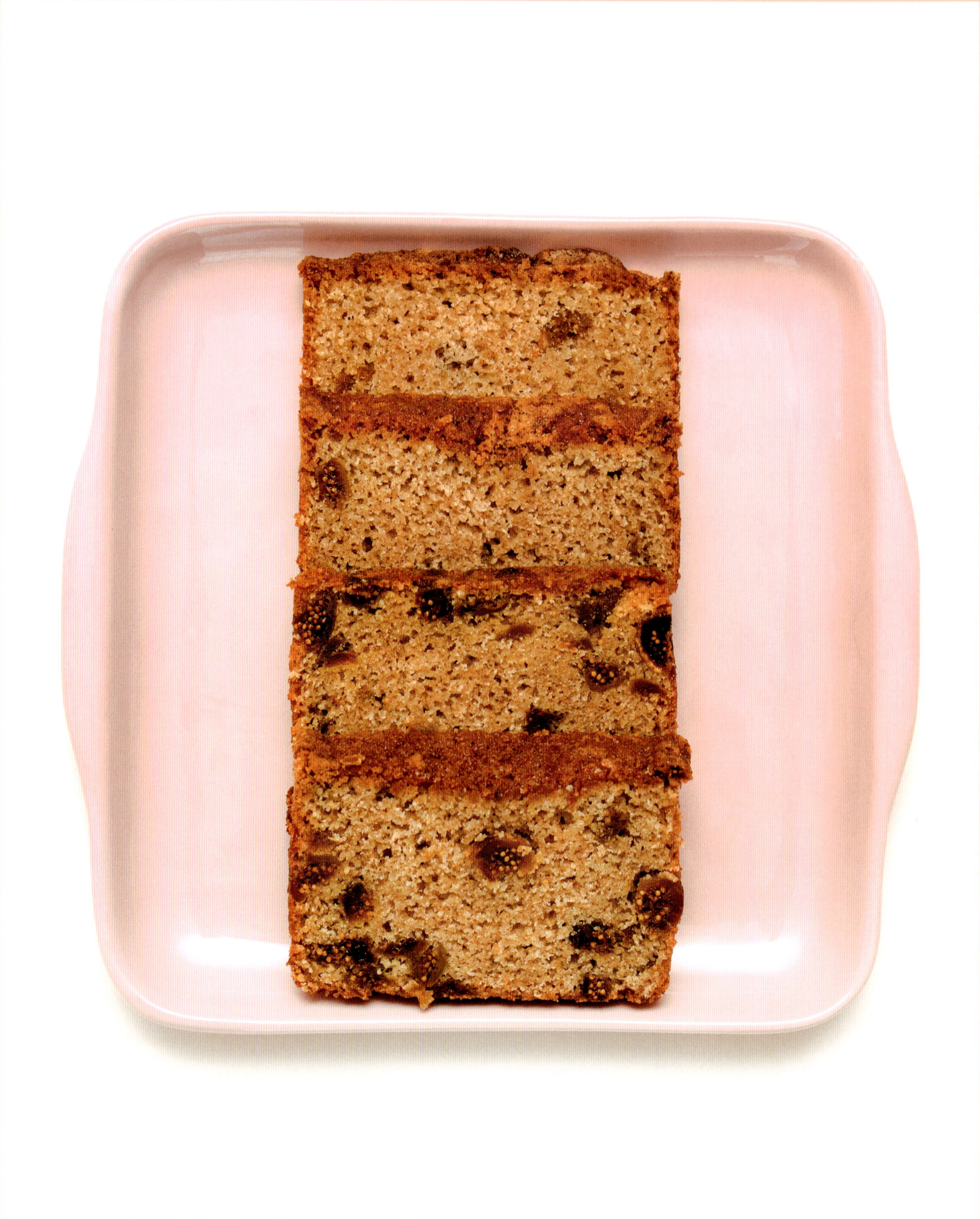

Bolo de figos

INGREDIENTES

150 G DE MANTEIGA SEM SAL

280 G DE AÇÚCAR

3 OVOS

160 G DE FARINHA DE TRIGO

5 G DE FERMENTO EM PÓ

1 PITADA DE SAL

5 G DE CANELA EM PÓ

1 PITADA DE NOZ-MOSCADA RALADA

160 G DE FIGOS SECOS (UTILIZE OS TURCOS, BEM MACIOS)

1. Bata a manteiga com o açúcar até obter um creme e adicione os ovos, um a um. Reserve. Peneire a farinha com o fermento, o sal e as especiarias e adicione à mistura de ovos e manteiga, mexendo até que fique homogêneo.
2. Acrescente os figos picados em pedaços.
3. Coloque em uma fôrma quadrada de 20 cm de lado, untada e enfarinhada. Leve ao forno preaquecido a 170 °C e asse até que, espetando um palito, ele saia seco.

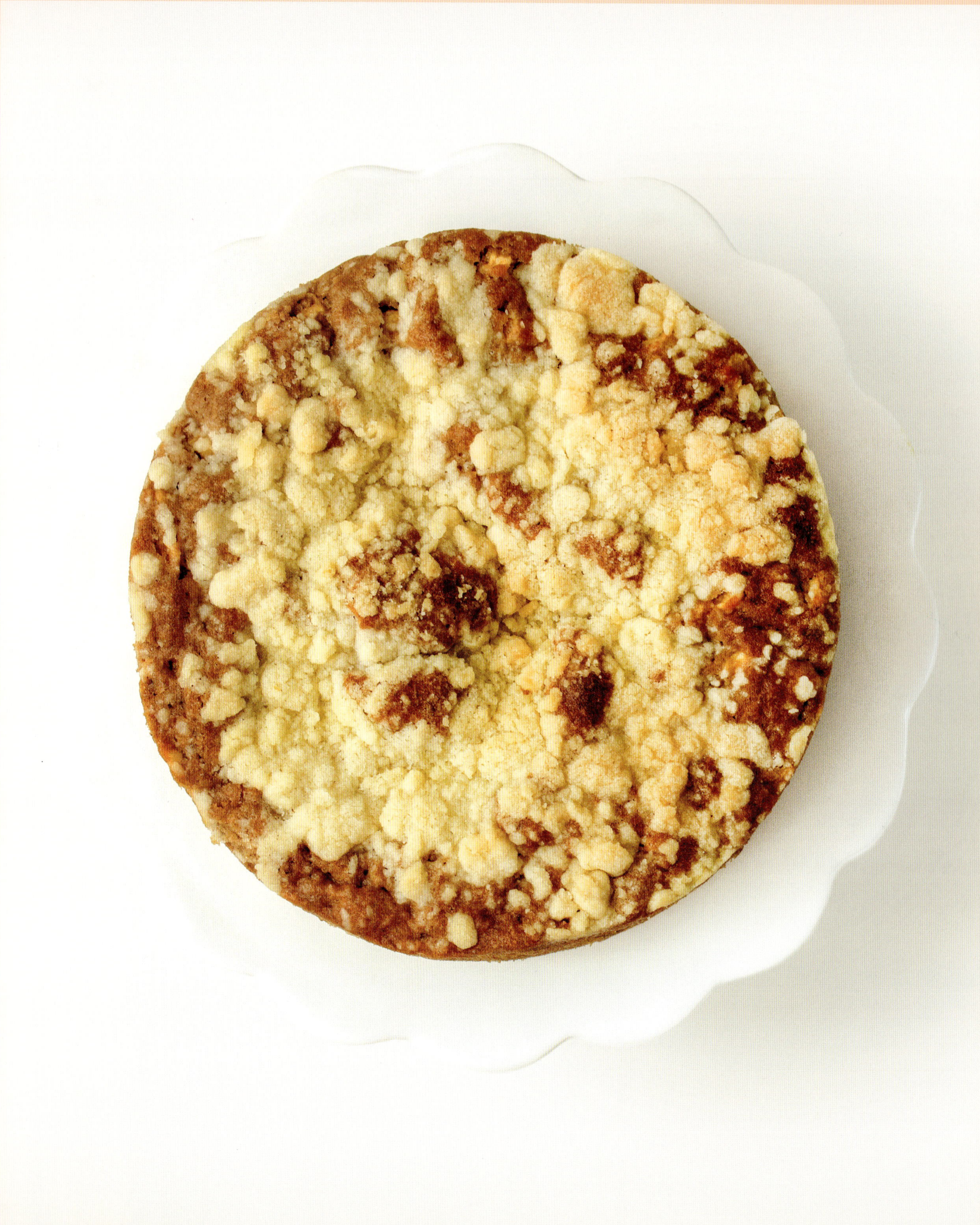

Crumble cake de maçã

Esta delícia é a versão "bolo" do crumble de maçãs, aquele doce de forno com cobertura crocante e aroma de canela. Muito fácil de fazer, é perfeito para levar em um piquenique, uma vez que o aspecto rústico facilita o transporte. Se preferir, sirva-o quente com uma bola de sorvete de creme para uma sobremesa espetacular!

INGREDIENTES

2 MAÇÃS DO TIPO GALA, DESCASCADAS, SEM SEMENTES E CORTADAS EM CUBOS

SUCO DE MEIO LIMÃO

120 G DE MANTEIGA SEM SAL EM TEMPERATURA AMBIENTE

165 G DE AÇÚCAR MASCAVO

3 OVOS

240 G DE FARINHA DE TRIGO

5 G DE FERMENTO

5 G DE CANELA EM PÓ

COBERTURA CROCANTE

50 G DE AÇÚCAR

40 G DE FARINHA DE TRIGO

80 G DE MANTEIGA SEM SAL GELADA

1. Misture os cubos de maçã com o suco de limão para evitar que escureçam.
2. Bata a manteiga e o açúcar até obter um creme fofo e pálido. Junte os ovos um a um, batendo bem. Peneire a farinha com o fermento e a canela, e adicione à mistura de ovos e manteiga delicadamente.
3. Acrescente as maçãs.
4. Coloque a massa em uma fôrma redonda de aproximadamente 20 cm de diâmetro, untada e enfarinhada. Polvilhe a cobertura crocante e leve ao forno preaquecido a 180 °C por aproximadamente 40 minutos ou até que, espetando um palito, este saia seco.

COBERTURA CROCANTE

Para a cobertura crocante, misture todos os ingredientes com as pontas dos dedos até obter uma farofa.

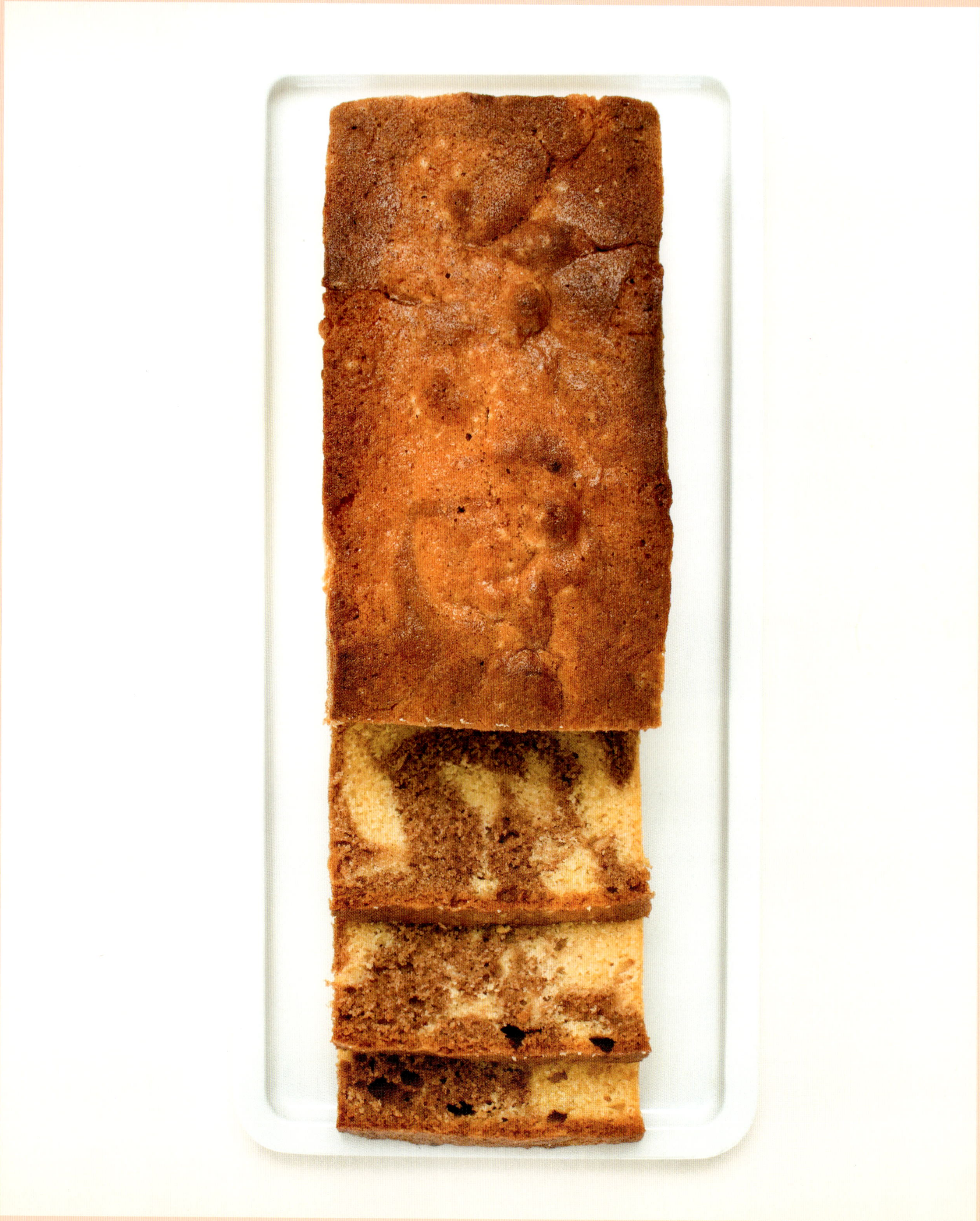

Bolo mármore de canela

Você ama o visual do bolo mármore, mas enjoou da combinação baunilha e chocolate? Que tal um bolo de baunilha com canela?

INGREDIENTES

200 G DE MANTEIGA

200 G DE AÇÚCAR

5 G DE EXTRATO DE BAUNILHA

4 OVOS

260 G DE FARINHA DE TRIGO

5 G DE FERMENTO EM PÓ

5 G DE SAL

5 G DE CANELA EM PÓ

1. Bata a manteiga com o açúcar até obter um creme bem claro e fofo. Junte a baunilha e, em seguida, os ovos, um a um, batendo bem após cada adição.

2. Acrescente a farinha peneirada com fermento e misture com a ajuda de uma espátula ou fouet.

3. Divida a massa em duas porções. Em uma delas, peneire a canela em pó e misture bem.

4. Unte e enfarinhe uma fôrma de bolo inglês pequena e forre o fundo com papel-manteiga. Coloque as massas às colheradas, alternando entre massa de baunilha e massa de canela. Para o efeito mármore, faça movimento de espiral com uma faca. Leve ao forno preaquecido a 180 °C e asse por aproximadamente 35 minutos ou até que, espetando um palito, ele saia seco.

5. Espere esfriar por 10 minutos e desenforme sobre uma grade.

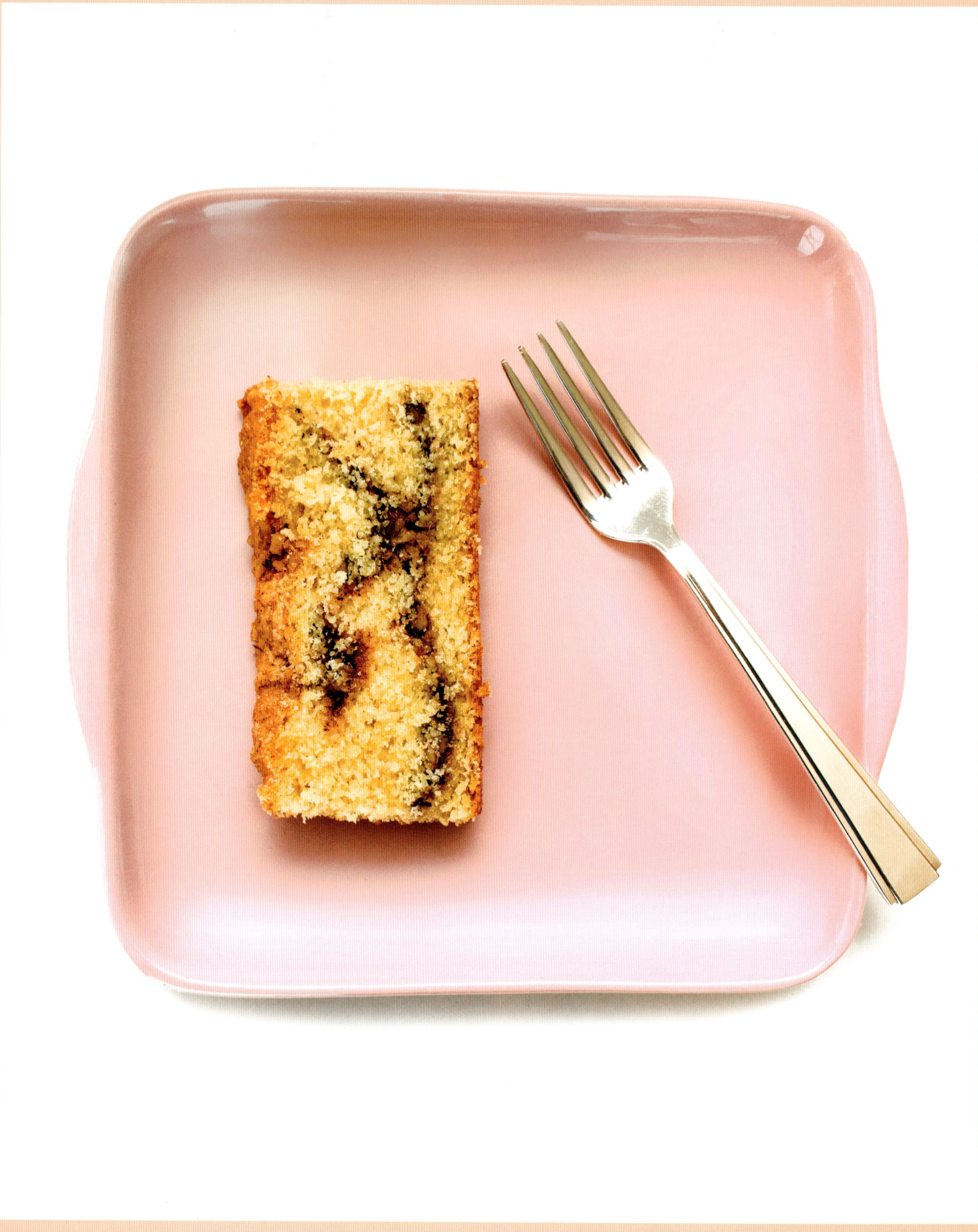

Bolo húngaro

Receita muito antiga de massa úmida e visual dos mais interessantes, com camadas de nozes moídas temperadas com canela em pó.

INGREDIENTES

5 G DE VINAGRE

140 G DE CREME DE LEITE FRESCO

320 G DE FARINHA DE TRIGO

2,5 G DE BICARBONATO DE SÓDIO

10 G DE FERMENTO EM PÓ

200 G DE MANTEIGA SEM SAL EM TEMPERATURA AMBIENTE

140 G DE AÇÚCAR

5 G DE EXTRATO DE BAUNILHA

2 OVOS

RECHEIO

100 G DE AÇÚCAR

120 G DE NOZES MOÍDAS

5 G DE CANELA EM PÓ

1. Misture o vinagre ao creme de leite e reserve.
2. Peneire a farinha com o bicarbonato e o fermento e reserve.
3. Bata a manteiga com o açúcar e a baunilha até obter um creme bem fofo e claro. Acrescente os ovos, um a um, batendo sempre.
4. Adicione o creme de leite, bata bem e acrescente a farinha peneirada, misturando até que fique homogêneo.
5. Separadamente, misture os ingredientes do recheio.
6. Unte, enfarinhe e forre com papel-manteiga o fundo de uma fôrma redonda lisa com aproximadamente 24 cm de diâmetro.
7. Despeje um terço da massa, polvilhe um terço do recheio e repita esse passo sucessivamente.
8. Leve ao forno preaquecido a 180 °C por aproximadamente 1 hora.

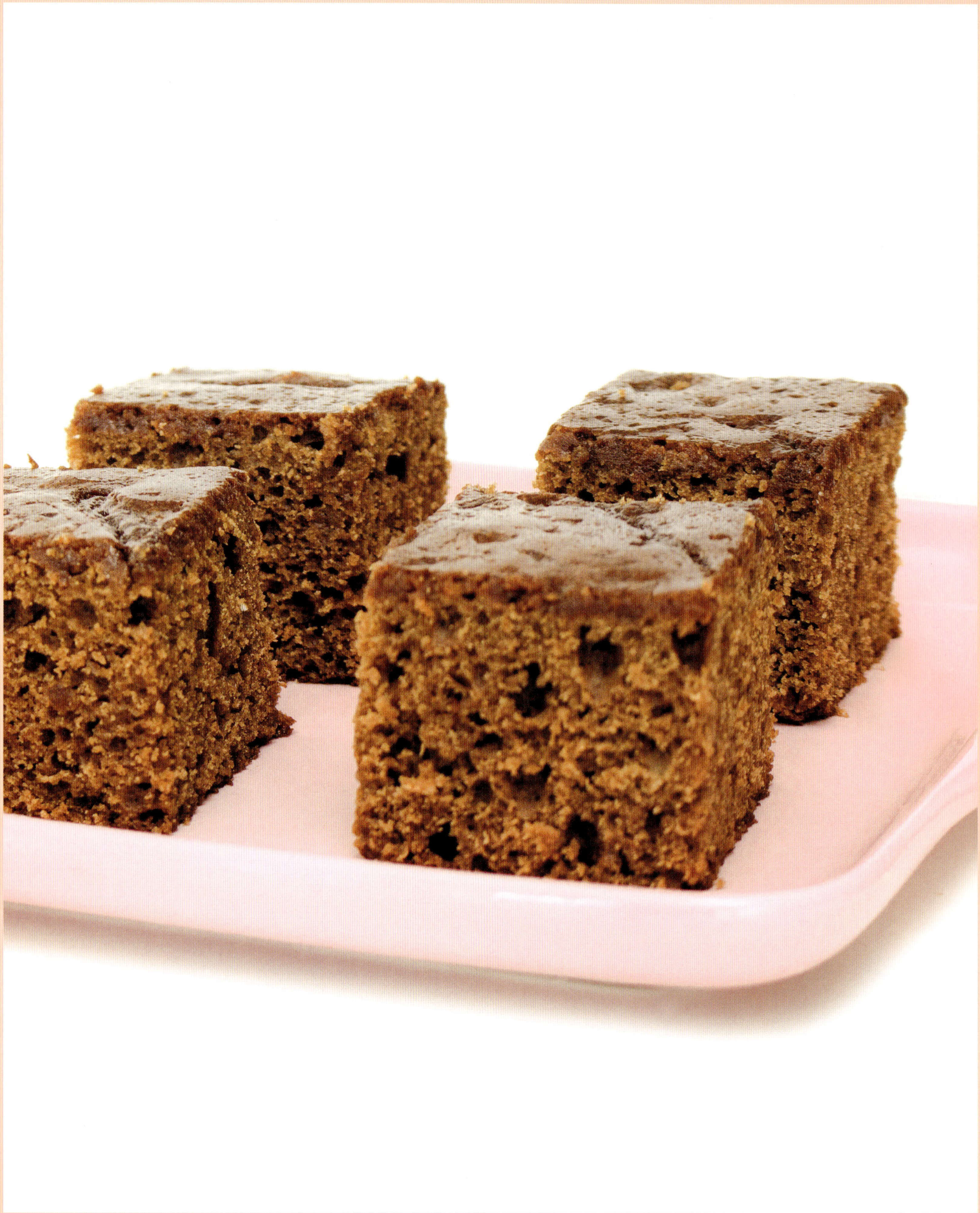

Bolo simples de gengibre

INGREDIENTES

120 G DE MANTEIGA

140 G DE AÇÚCAR MASCAVO

240 G DE MELADO

10 G DE GENGIBRE FRESCO RALADO

2 OVOS

400 G DE FARINHA

10 G DE BICARBONATO DE SÓDIO

5 G DE CANELA

200 G DE ÁGUA FERVENTE

1. Bata a manteiga com o açúcar mascavo até que fique fofo e pálido. Junte o melado e o gengibre fresco ralado e bata bem. Acrescente os ovos e continue batendo.
2. Peneire a farinha com o bicarbonato e a canela, e junte à mistura, alternando com a água quente.
3. Despeje a massa em uma assadeira retangular de tamanho médio, untada e enfarinhada, e leve ao forno preaquecido a 180 °C até que, espetando um palito, ele saia seco.

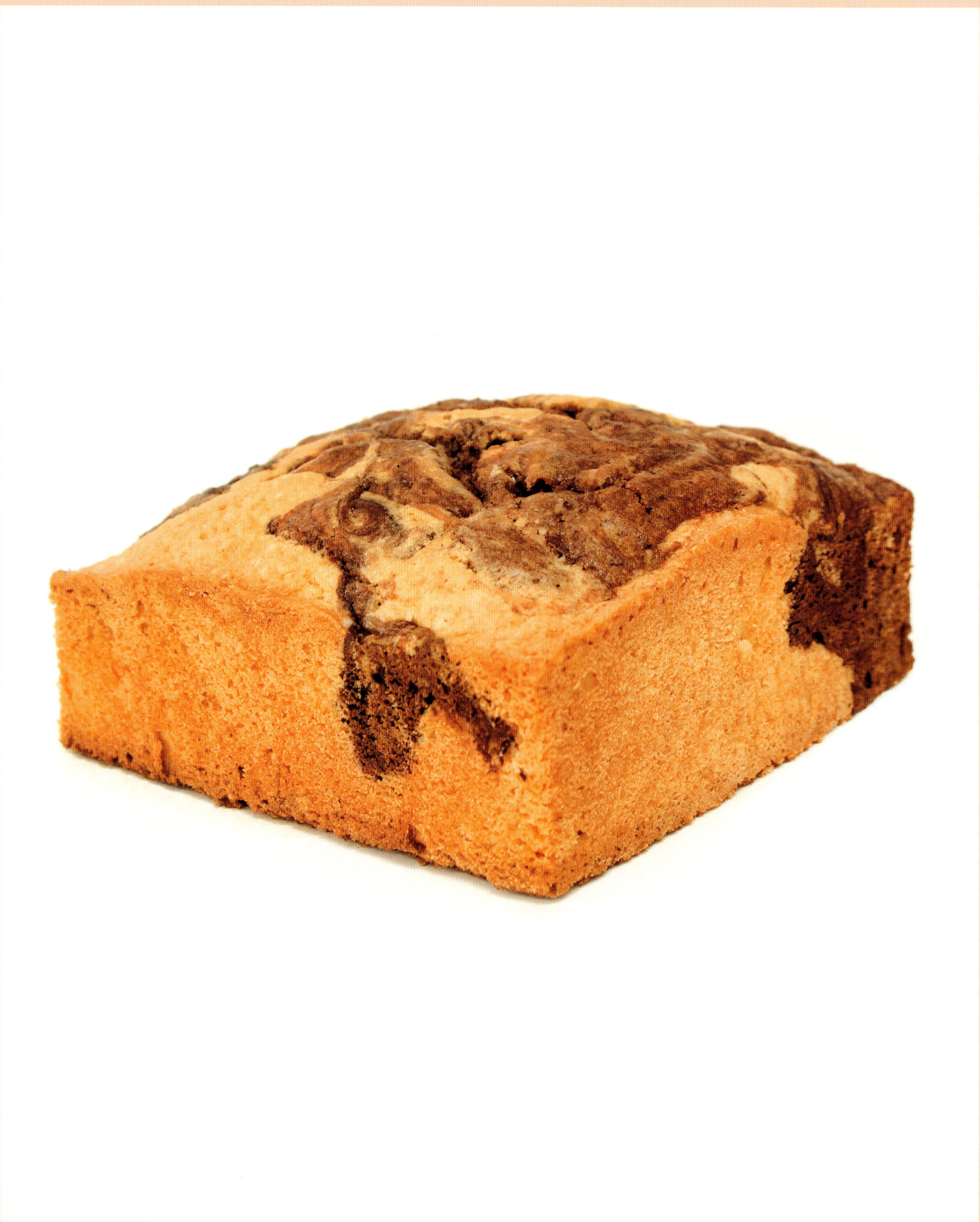

Bolo de laranja e chocolate

INGREDIENTES

150 G DE MANTEIGA SEM SAL

150 G DE AÇÚCAR

3 OVOS

240 G DE FARINHA DE TRIGO

5 G DE FERMENTO EM PÓ

20 G DE CACAU EM PÓ

50 G DE LEITE

50 G DE SUCO DE LARANJA

CASCA RALADA DE UMA LARANJA

COBERTURA

100 G DE AÇÚCAR DE CONFEITEIRO

60 G DE SUCO DE LARANJA

MASSA

1. Bata a manteiga e o açúcar até formar um creme. Acrescente os ovos, um a um, batendo bem após cada adição. Misture a farinha peneirada com o fermento.

2. Divida a massa em duas porções. Acrescente o cacau e o leite a uma delas, e na outra, o suco e as raspas de laranja. Coloque a massa pouco a pouco em uma fôrma redonda de aproximadamente 22 cm de diâmetro, untada e enfarinhada e, com a ajuda de uma faca, faça movimentos circulares para criar o efeito mármore. Leve ao forno preaquecido a 180 °C e asse por aproximadamente 45 minutos ou até que, espetando um palito, ele saia seco. Deixe esfriar por 10 minutos e desenforme.

COBERTURA

Para a cobertura, misture o açúcar e o suco de laranja e espalhe sobre o bolo.

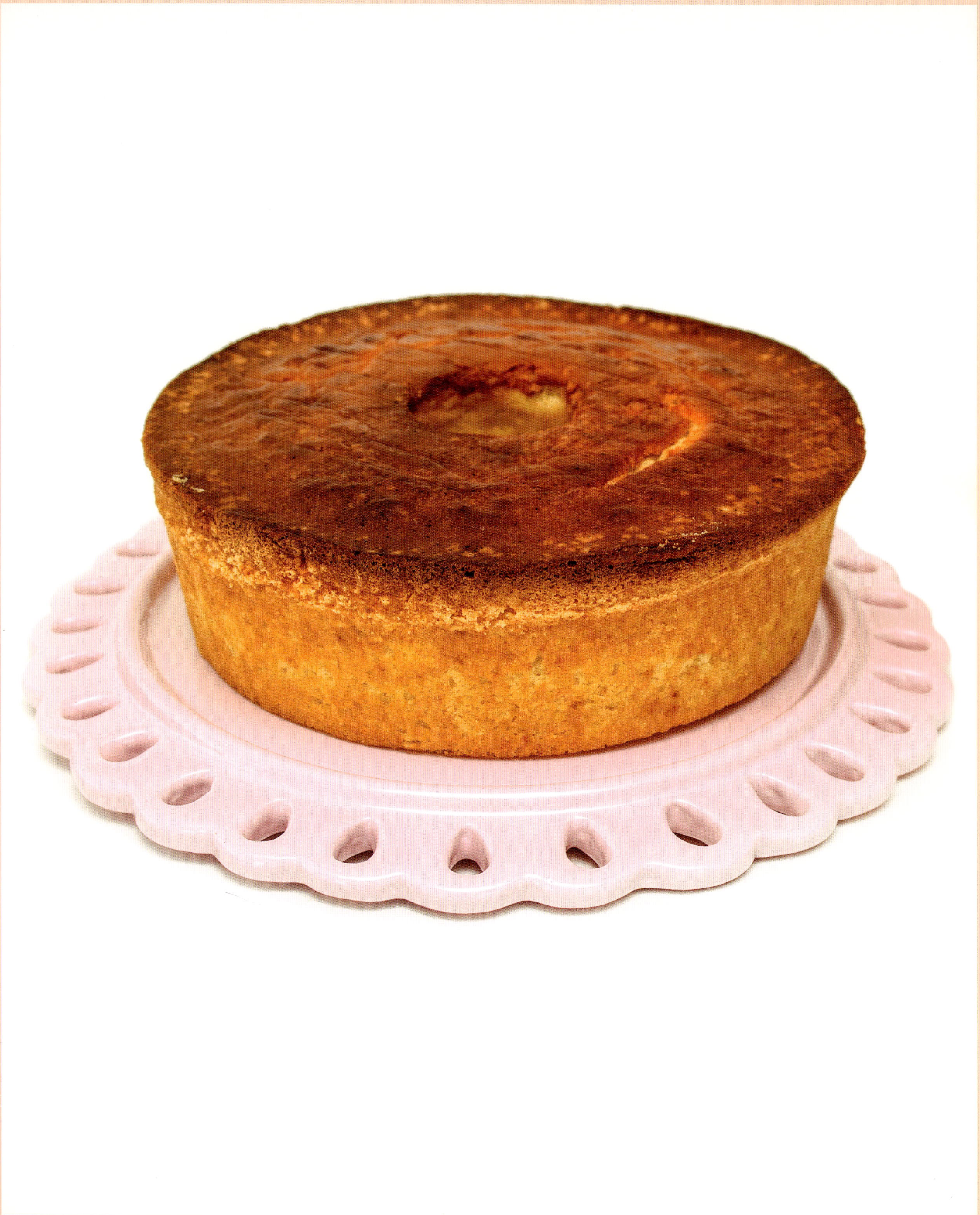

Bolo de nata

INGREDIENTES

200 G DE NATA

4 OVOS

400 G DE AÇÚCAR

320 G DE FARINHA

150 G DE AMIDO DE MILHO

15 G DE FERMENTO EM PÓ

200 G DE LEITE

1. Bata a nata com os ovos e o açúcar até obter um creme. Junte a farinha peneirada com o amido de milho e o fermento, alternando com o leite.

2. Coloque em uma fôrma redonda de 25 cm de diâmetro e buraco no meio, untada e enfarinhada, e leve ao forno preaquecido a 180 °C por aproximadamente 40 minutos.

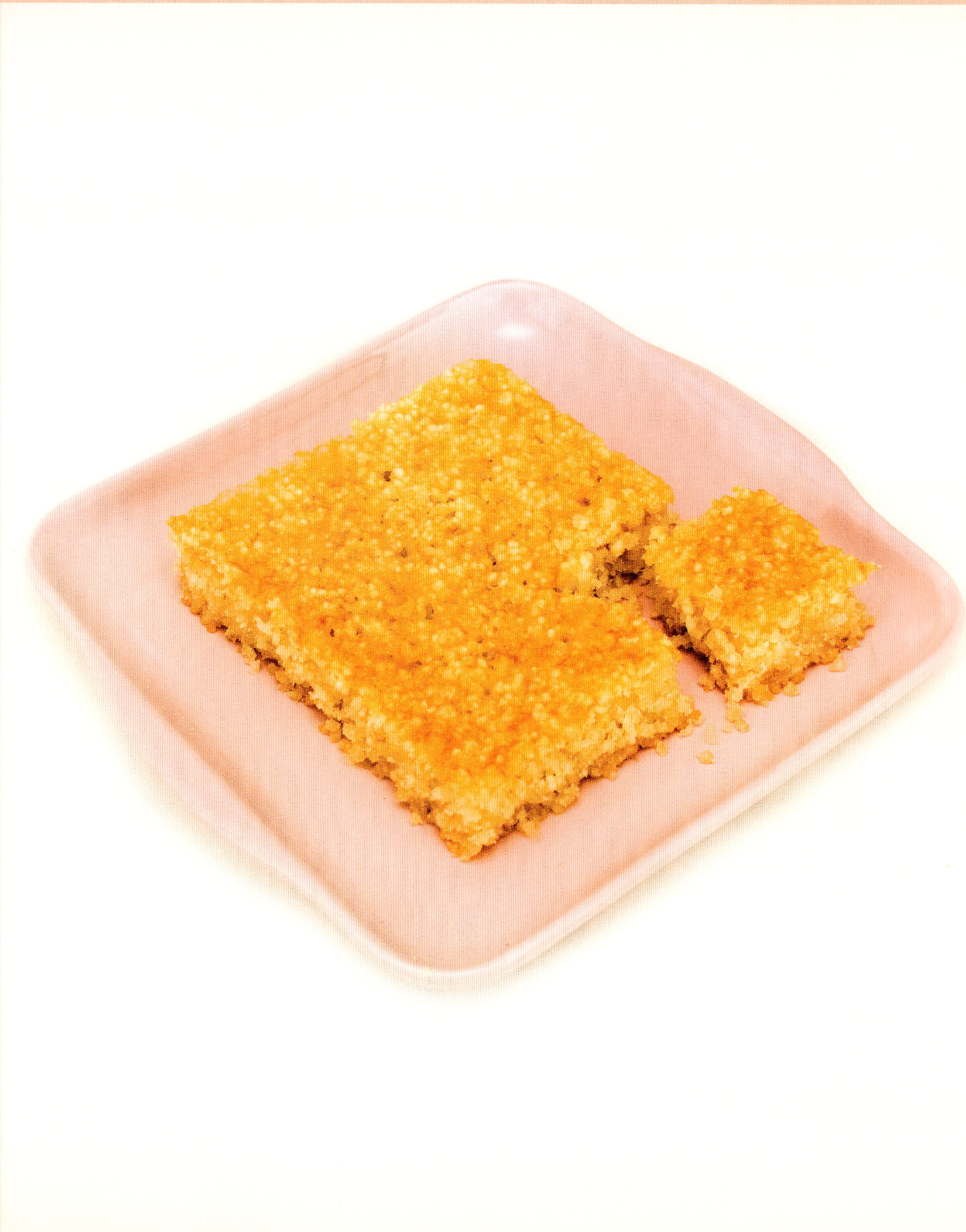

Bolo de tapioca

INGREDIENTES

200 G DE LEITE DE COCO

200 G DE LEITE

340 G DE TAPIOCA GRANULADA

200 G DE MANTEIGA SEM SAL EM TEMPERATURA AMBIENTE

400 G DE AÇÚCAR

4 OVOS

160 G DE FARINHA DE TRIGO

15 G DE FERMENTO EM PÓ

100 G DE COCO SECO RALADO

1. Misture os dois tipos de leite e despeje sobre a tapioca granulada. Deixe hidratando por 30 minutos. Bata a manteiga com o açúcar até formar um creme. Junte as gemas e bata mais um pouco.

2. Peneire a farinha de trigo com o fermento e acrescente-a à mistura de gemas, alternando com a tapioca. Acrescente o coco ralado.

3. No final, bata as claras em neve e incorpore-as à massa. Em um tabuleiro médio de aproximadamente 35 × 25 cm de lado, untado e enfarinhado, leve ao forno pre-aquecido a 180 °C por aproximadamente 45 minutos, ou até que esteja dourado.

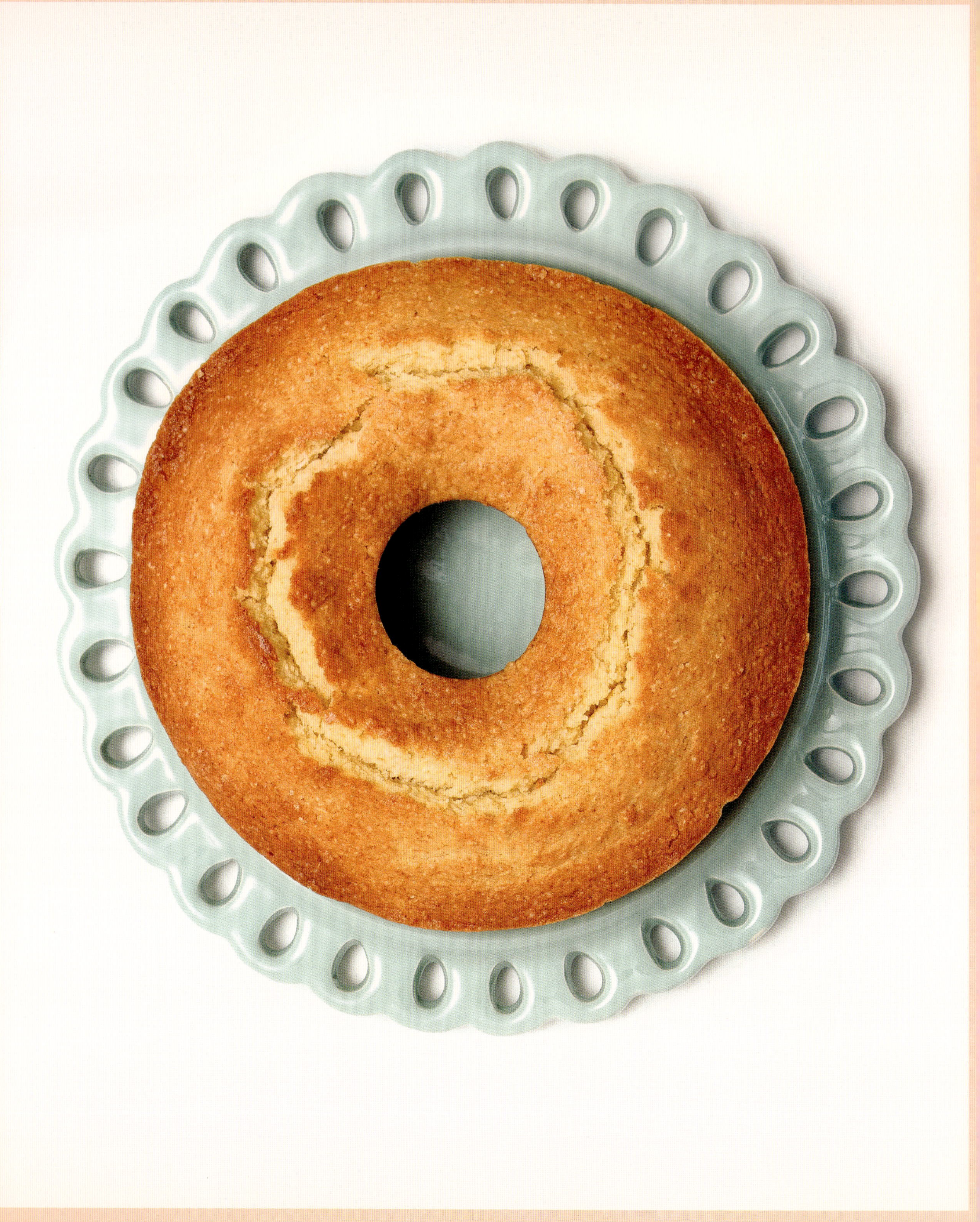

Bolo divino de laranja com coco

INGREDIENTES

200 G DE MANTEIGA SEM SAL EM TEMPERATURA AMBIENTE

300 G DE AÇÚCAR

3 OVOS

400 G DE FARINHA DE TRIGO

15 G DE FERMENTO EM PÓ

200 G DE SUCO DE LARANJA

100 G DE COCO RALADO SECO

1. Bata a manteiga com o açúcar e as gemas até ficar bem fofo e claro.
2. Peneire a farinha com o fermento, misture o coco ralado e adicione à mistura, alternando com o suco de laranja. Por fim, acrescente as claras batidas em neve e o coco ralado.
3. Despeje em uma fôrma de 24 cm de diâmetro com buraco no centro, untada e enfarinhada, e leve ao forno preaquecido a 180 °C por aproximadamente 45 minutos.

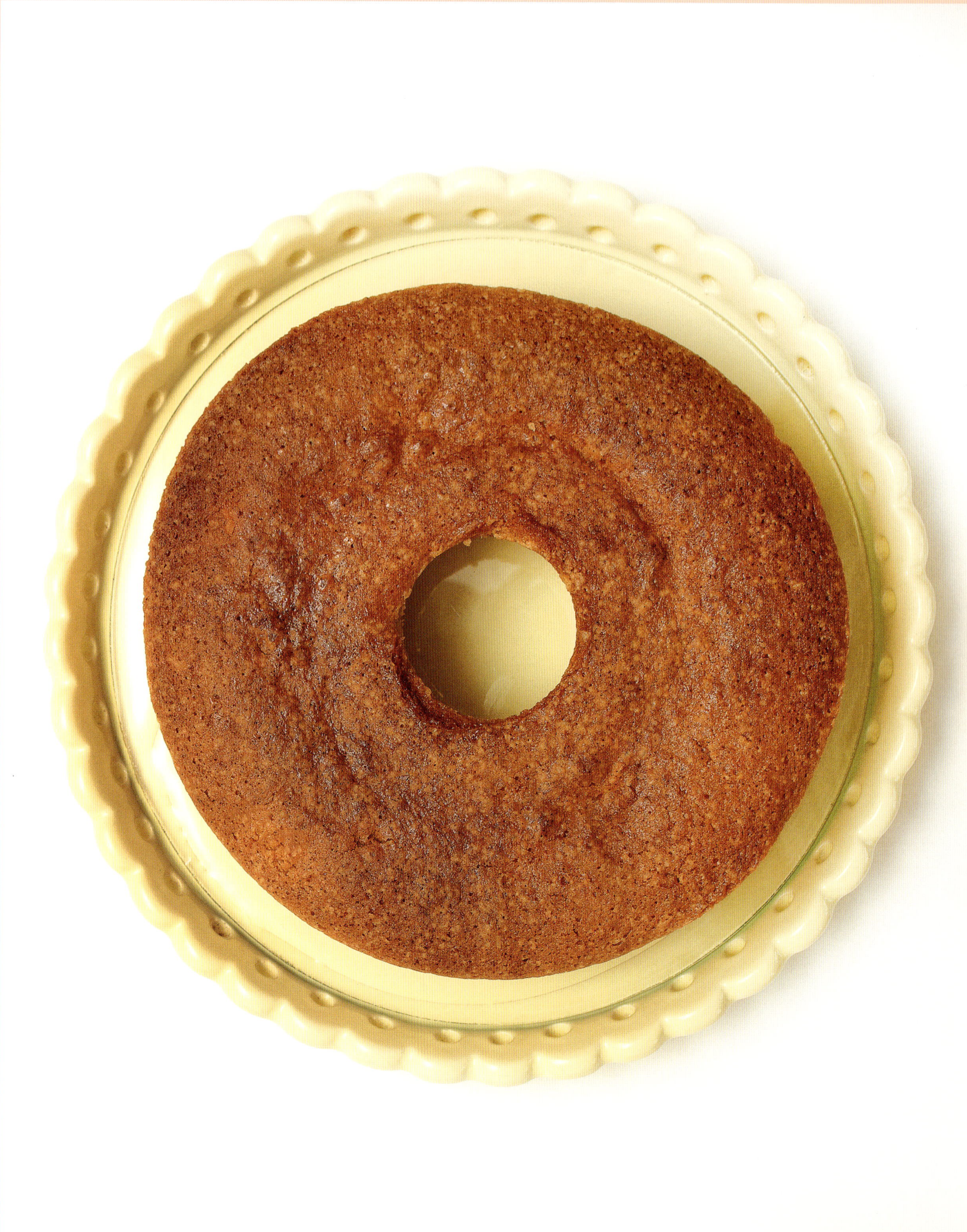

Bolo 13 de maio

Há várias receitas batizadas com o título de "Bolo 13 de maio". Diz-se que o fato foi uma homenagem ao 13 de maio de 1888, data em que a Princesa Isabel assinou a Lei Áurea, decretando a libertação dos escravos no Brasil.

INGREDIENTES

300 G DE MANTEIGA SEM SAL EM TEMPERATURA AMBIENTE

250 G DE AÇÚCAR

6 OVOS

320 G DE FARINHA DE TRIGO

1 PITADA DE SAL

5 G DE FERMENTO EM PÓ

120 G DE COCO RALADO

1. Bata a manteiga com o açúcar e as gemas até que a mistura fique clara e fofa.
2. Peneire a farinha com o sal e o fermento e acrescente à mistura.
3. Bata as claras em neve e adicione delicadamente, alternando com o coco ralado.
4. Coloque em uma fôrma redonda grande (com aproximadamente 25 cm de diâmetro) de buraco no centro, untada e enfarinhada, e leve ao forno preaquecido a 180 °C por aproximadamente 40 minutos ou até que, espetando um palito, ele saia seco.

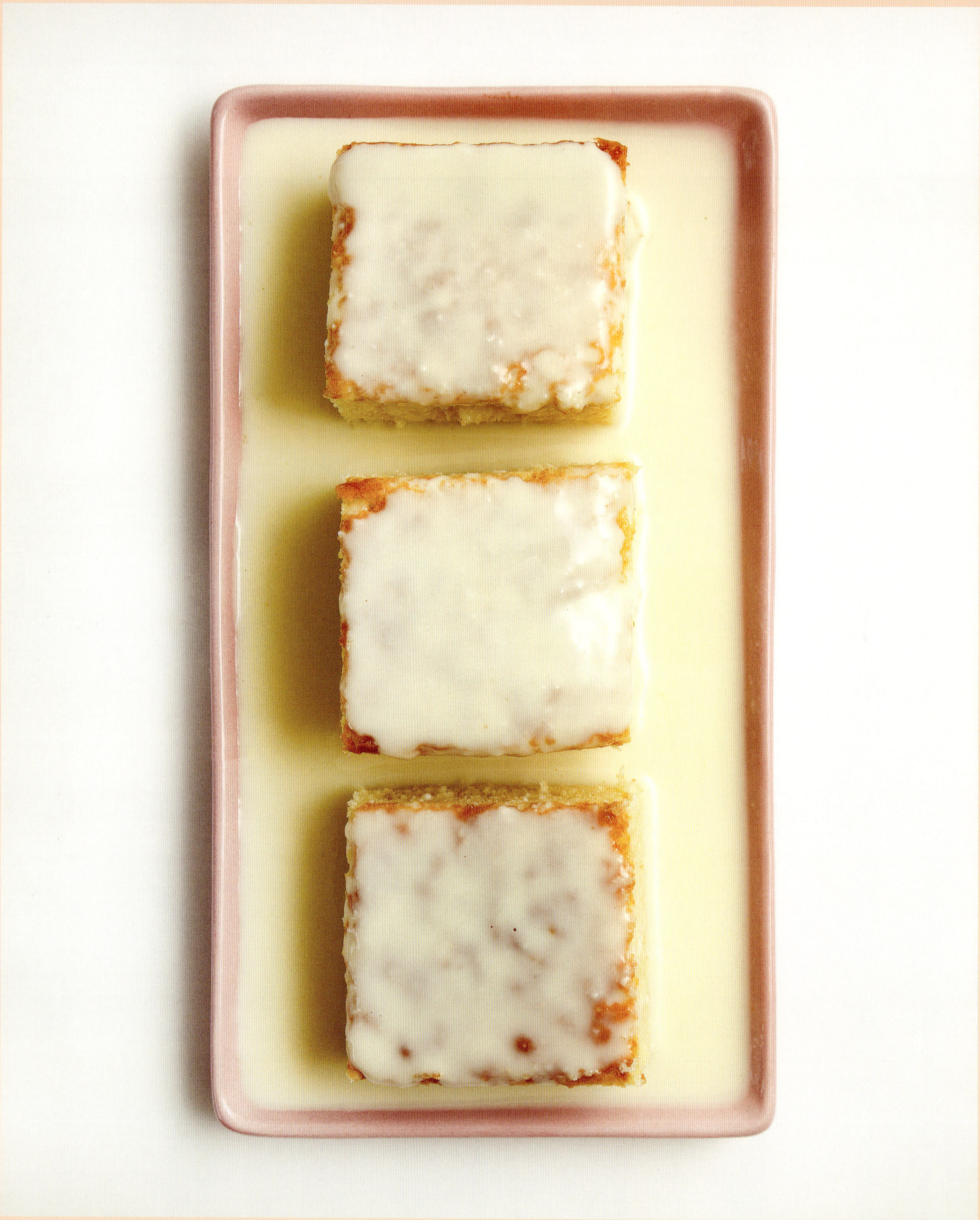

Bolo Tres Leches

INGREDIENTES

240 G DE FARINHA DE TRIGO

10 G DE FERMENTO

1 PITADA DE SAL

4 OVOS

200 G DE AÇÚCAR

BAUNILHA

100 G DE LEITE

CALDA

395 G DE LEITE CONDENSADO

250 G DE CREME DE LEITE FRESCO

150 G DE LEITE INTEGRAL

1. Para o bolo, peneire a farinha com o fermento e o sal e reserve.
2. Bata os ovos com o açúcar e a baunilha na batedeira até que a mistura fique bem fofa e clara, e os cristais de açúcar tenham se dissolvido. Desligue a batedeira e, com a ajuda de um fouet, incorpore o leite e a mistura de farinhas, mexendo delicadamente e apenas o suficiente para misturar os ingredientes. Leve ao forno em uma assadeira retangular, untada e enfarinhada, e asse a 180 °C por aproximadamente 40 minutos.
3. Retire do forno e deixe esfriar.

CALDA

1. Misture os ingredientes da cobertura e despeje no bolo aos poucos, aguardando a absorção.
2. Sirva com frutas e conserve o bolo na geladeira.

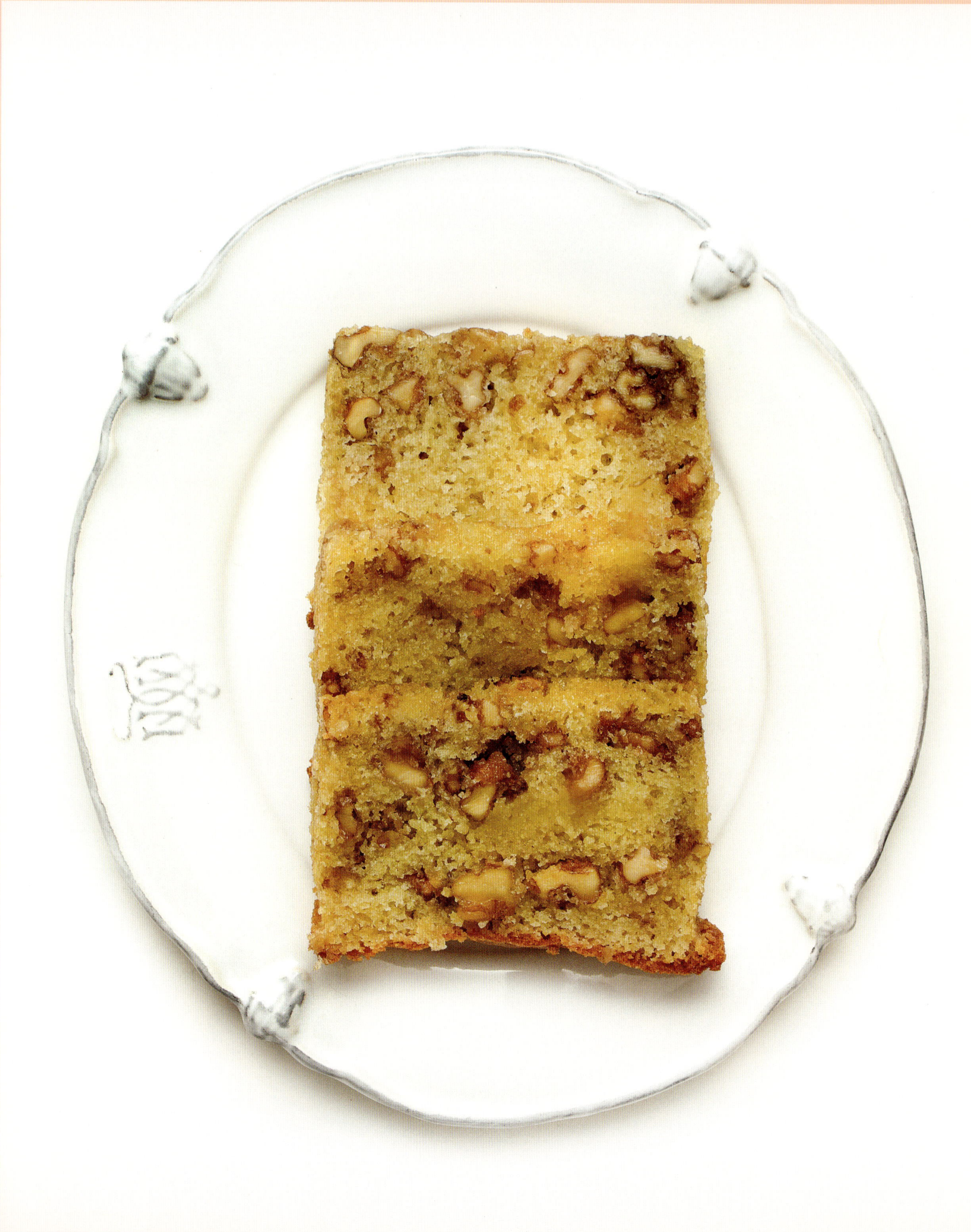

Bolo de nozes

INGREDIENTES

240 G DE FARINHA DE TRIGO

15 G DE FERMENTO EM PÓ

200 G DE MANTEIGA SEM SAL

200 G DE AÇÚCAR

4 OVOS

150 G DE NOZES PICADAS

1. Peneire a farinha com o fermento e reserve.
2. Bata a manteiga com o açúcar até obter uma massa bem cremosa.
3. Junte os ovos, um a um, e a farinha. Misture até que fique homogêneo.
4. Acrescente as nozes picadas e leve ao forno preaquecido a 180 °C em uma fôrma de bolo inglês untada e enfarinhada. Asse até que, espetando um palito, ele saia seco.

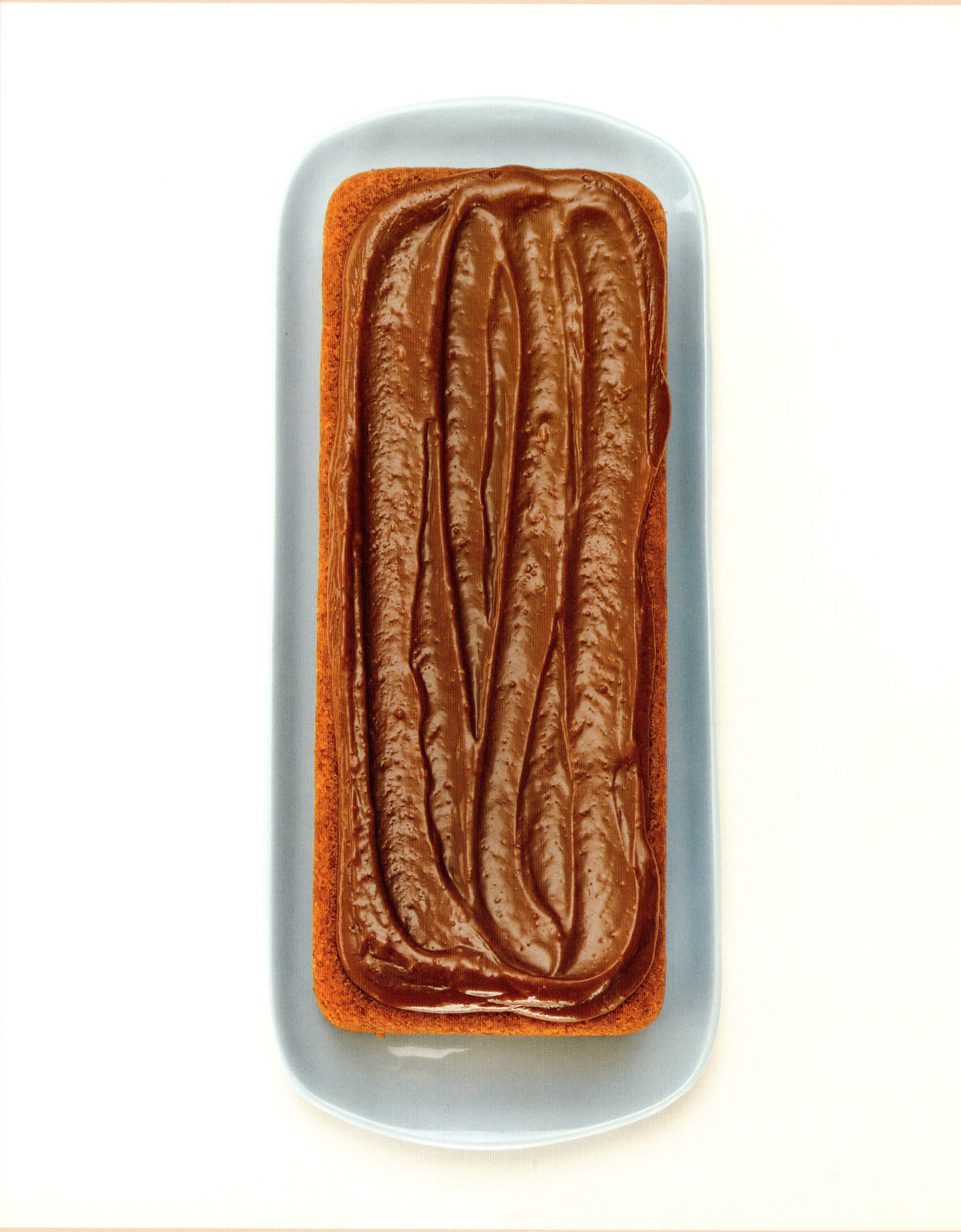

Bolo de caramelo

INGREDIENTES

400 G DE AÇÚCAR

300 G DE CREME DE LEITE FRESCO

200 G DE MANTEIGA

4 OVOS

250 G DE FARINHA DE TRIGO

15 G DE FERMENTO EM PÓ

COBERTURA

200 G DE AÇÚCAR

150 G DE CREME DE LEITE FRESCO

MASSA

1. Coloque metade do açúcar em uma panela e deixe-o derreter e adquirir um tom de caramelo. Despeje o creme de leite e a manteiga e mantenha em fogo baixo até que derreta novamente.

2. Reserve as claras e bata as gemas com o açúcar restante e acrescente o caramelo, alternando com a farinha peneirada com o fermento.

3. Bata as claras reservadas em neve e acrescente à mistura, com movimentos suaves.

4. Leve ao forno preaquecido a 180 °C em uma fôrma de bolo inglês média untada e enfarinhada.

COBERTURA

Derreta o açúcar em uma panela e deixe cozinhar por 2 minutos, até que fique com cor de caramelo. Adicione o creme de leite com cuidado e cozinhe até que tudo esteja derretido. Espere esfriar e cubra o bolo.

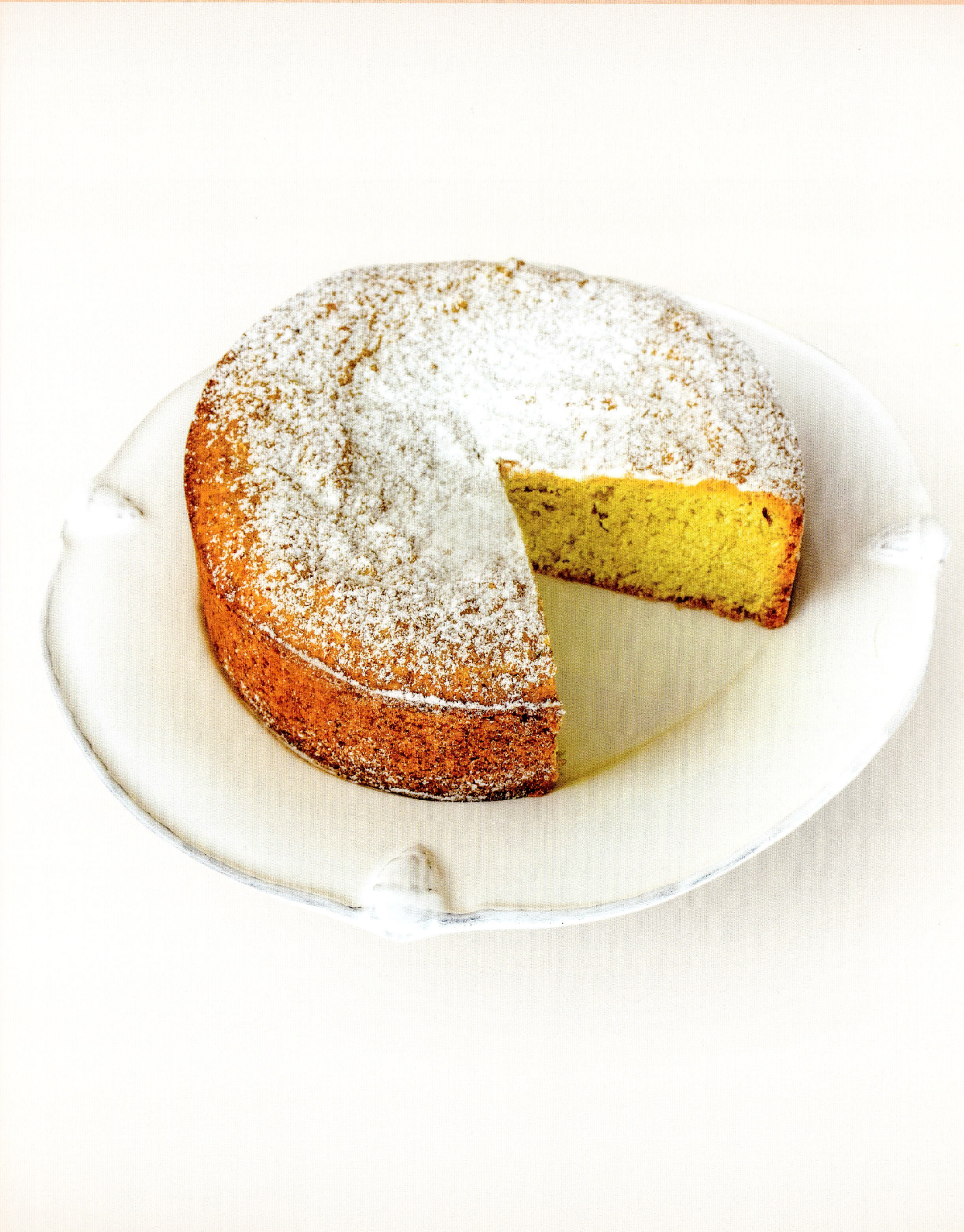

Bolo cítrico de azeite

Sabor e aroma surpreendentes, e muita leveza. Recomendo fazer com um azeite de sabor suave, como os gregos. Receita naturalmente sem lactose.

INGREDIENTES

3 OVOS

200 G DE AÇÚCAR

CASCA RALADA DE 1 LIMÃO-SICILIANO

CASCA RALADA DE 1 LARANJA-PERA

CASCA RALADA DE ½ LIMÃO TAITI

10 G DE EXTRATO DE BAUNILHA

170 G DE AZEITE

320 G DE FARINHA DE TRIGO

10 G DE FERMENTO EM PÓ

1 PITADA DE SAL

2,5 G DE BICARBONATO DE SÓDIO

100 G DE FARINHA DE AMÊNDOAS

1. Bata os ovos com o açúcar e as raspas de cítricos até que a mistura fique bem fofa e leve. Adicione a baunilha e misture.

2. Acrescente o azeite aos poucos e continue batendo.

3. Separadamente, peneire a farinha de trigo, o fermento, o sal e o bicarbonato e misture a farinha de amêndoas. Adicione à mistura de ovos e azeite aos poucos, mexendo com uma espátula, com movimentos de baixo para cima.

4. Unte uma fôrma de 22 ou 24 cm de diâmetro com óleo e forre o fundo com papel-manteiga. Polvilhe as laterais com farinha de trigo.

5. Despeje a massa e leve ao forno preaquecido a 180 °C até que, espetando um palito, ele saia seco.

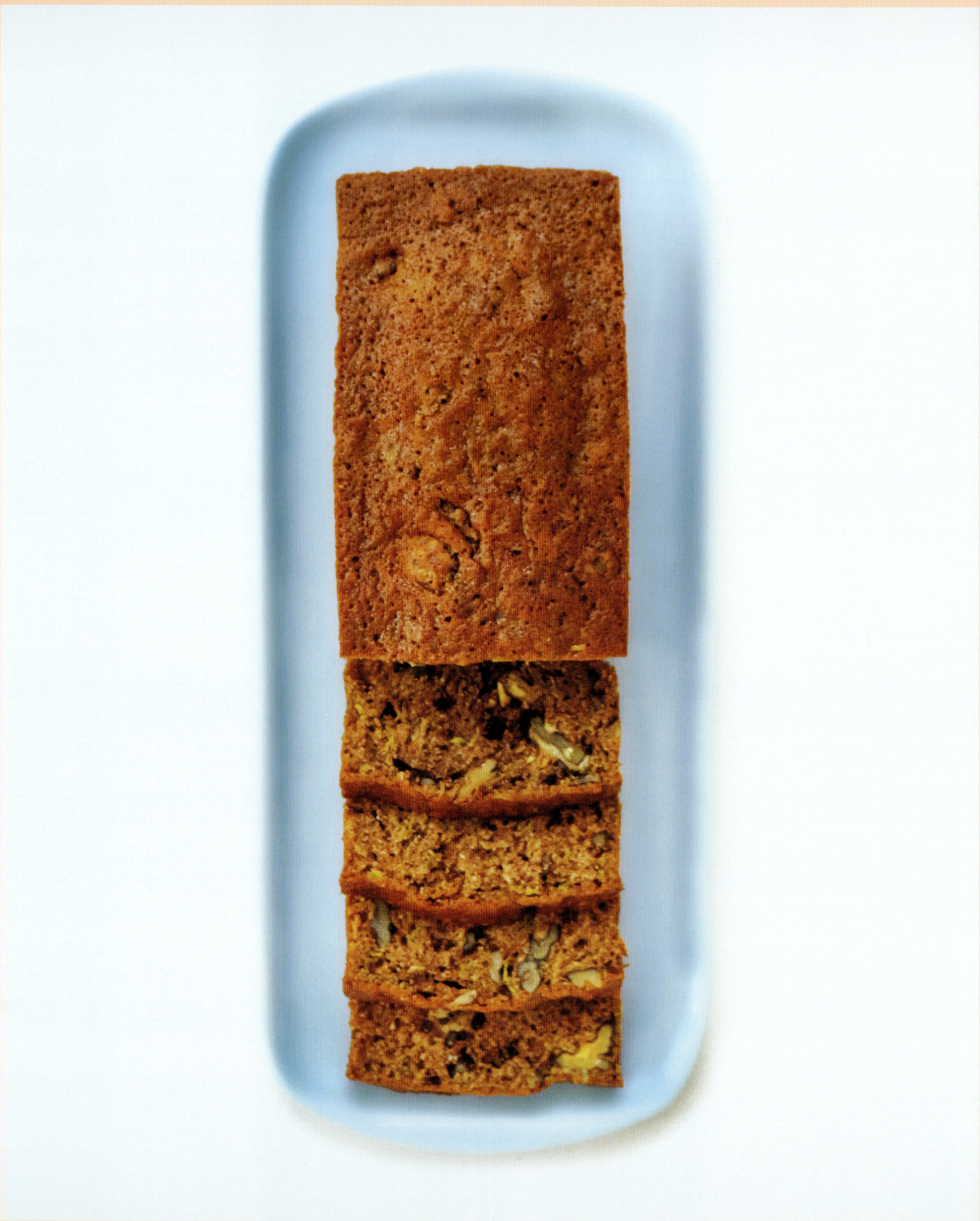

Bolo de abobrinha

INGREDIENTES

180 G DE FARINHA DE TRIGO

5 G DE BICARBONATO DE SÓDIO

2,5 G DE CANELA EM PÓ

2 OVOS

160 G DE AÇÚCAR MASCAVO

100 G DE ÓLEO DE MILHO OU DE GIRASSOL

220 G DE ABOBRINHA ITALIANA RALADA
(1 UNIDADE MÉDIA, COM CASCA)

80 G DE NOZES EM PEDAÇOS

1. Peneire os ingredientes secos e reserve.
2. Com a ajuda de um fouet, bata os ovos com o açúcar por 2 minutos. Adicione o óleo e misture bem. Acrescente a abobrinha ralada e as nozes à mistura.
3. Junte as duas misturas e, com uma espátula, misture bem. Nesta etapa, não bata a massa.
4. Coloque em uma assadeira e leve ao forno preaquecido a 180 °C. Asse por aproximadamente 40 minutos ou até que, espetando um palito no centro, ele saia seco.

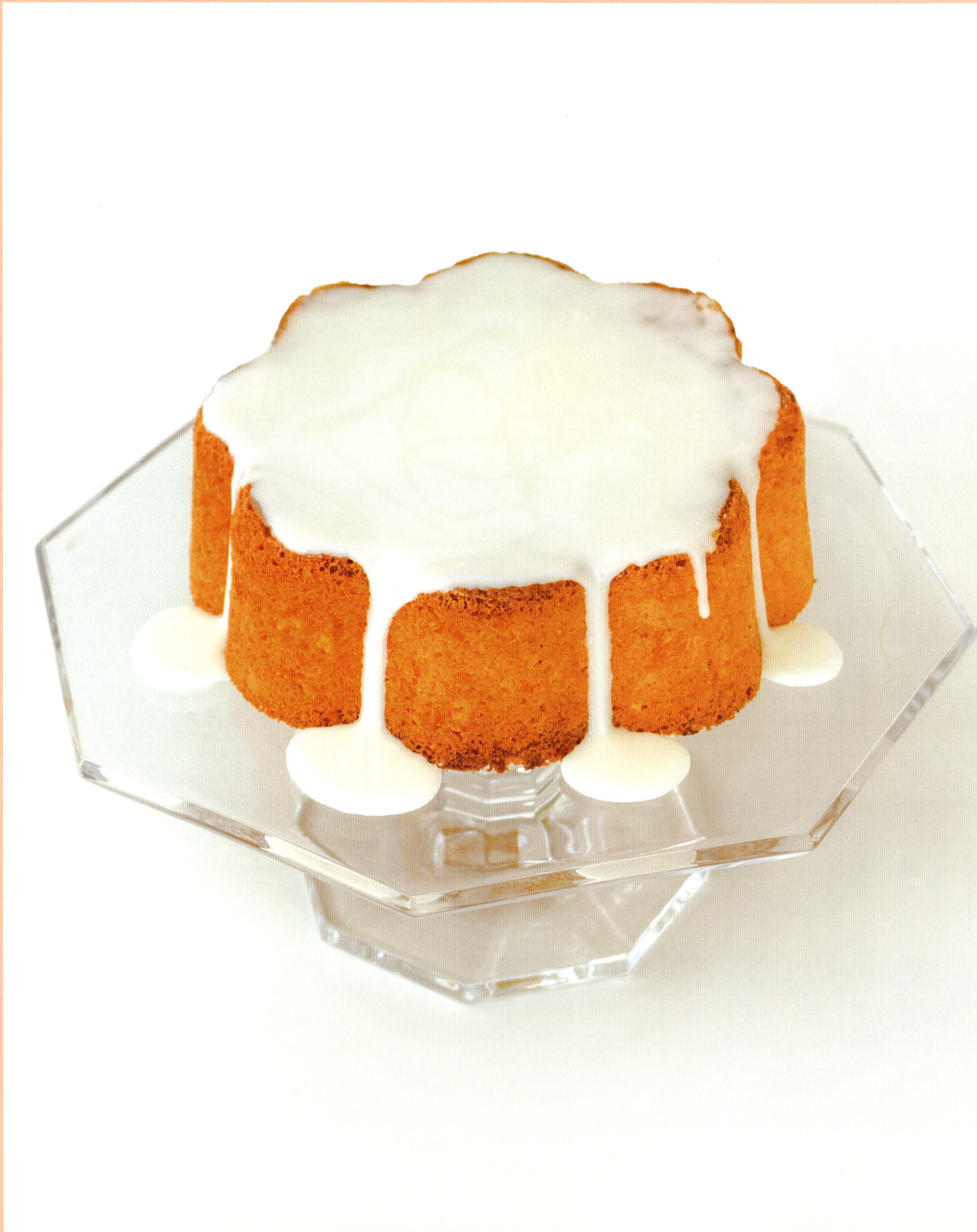

Bolo suíço de cenoura

INGREDIENTES

5 OVOS

300 G DE AÇÚCAR

300 G DE FARINHA DE AMÊNDOAS

280 G DE CENOURAS RALADAS
(2 CENOURAS MÉDIAS)

55 G DE FARINHA DE TRIGO

5 G DE FERMENTO EM PÓ

1 PITADA DE SAL

80 G DE GELEIA DE DAMASCO

GLACÊ DE LIMÃO-SICILIANO

100 G DE AÇÚCAR DE CONFEITEIRO

20 G DE SUCO DE LIMÃO-SICILIANO

1. Bata as gemas com o açúcar até obter um creme leve. Junte a farinha de amêndoas e a cenoura ralada. Nesse estágio, a receita pode parecer errada, pois estará muito seca. Continue mexendo: a cenoura começará a soltar água e a mistura ficará homogênea. Peneire a farinha com o fermento e o sal e adicione à mistura de gemas. Por fim, acrescente as claras batidas em neve.

2. Despeje a massa em uma fôrma de aproximadamente 22 cm de diâmetro, untada e enfarinhada, e leve ao forno preaquecido a 180 °C por aproximadamente 1 hora ou até, que espetando um palito, ele saia seco.

3. Retire o bolo do forno, espere esfriar e despeje a geleia de damasco. Em seguida, despeje o glacê de limão e espere secar.

GLACÊ

Misture os ingredientes e espalhe no bolo depois de frio, por cima da geleia de damasco.

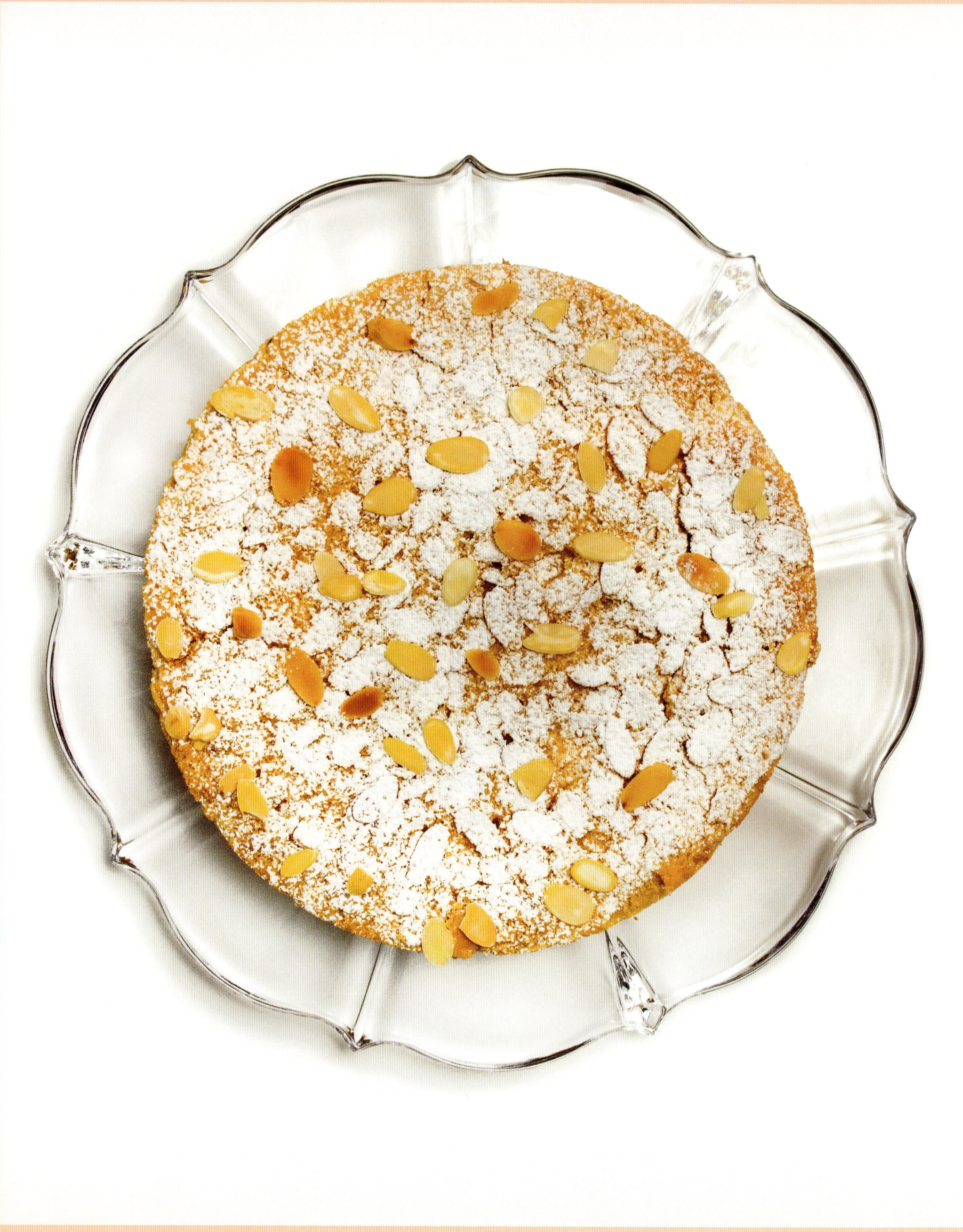

Pain de gênes

O *Pain de gênes* é um bolo úmido de amêndoas delicioso por si só, mas também perfeito para compor sobremesas mais elaboradas.

INGREDIENTES

90 G DE MANTEIGA SEM SAL

150 G DE FARINHA DE AMÊNDOAS

150 G DE AÇÚCAR

4 OVOS

30 G DE FARINHA DE TRIGO

30 G DE AMIDO DE MILHO

50 G DE AMÊNDOAS LAMINADAS

1. Derreta a manteiga e reserve.
2. Toste a farinha de amêndoas por 5 minutos no forno. Reserve.
3. Unte abundantemente uma fôrma redonda de aproximadamente 24 cm de diâmetro com manteiga e forre o fundo e a lateral com as lâminas de amêndoas. Reserve.
4. Em uma tigela, misture a farinha de amêndoas e o açúcar e acrescente os ovos, um a um, batendo com o fouet ou com a batedeira após cada adição. A massa deverá crescer e ficar bem aerada. Bata por aproximadamente 10 minutos.
5. Peneire a farinha com o amido e acrescente delicadamente à mistura de ovos, mexendo com o fouet. Por fim, acrescente a manteiga derretida e já fria.
6. Despeje a massa na fôrma preparada e leve ao forno preaquecido a 180 °C por aproximadamente 35 minutos ou até que esteja dourada, crescido e que, ao espetar um palito, ele saia seco.

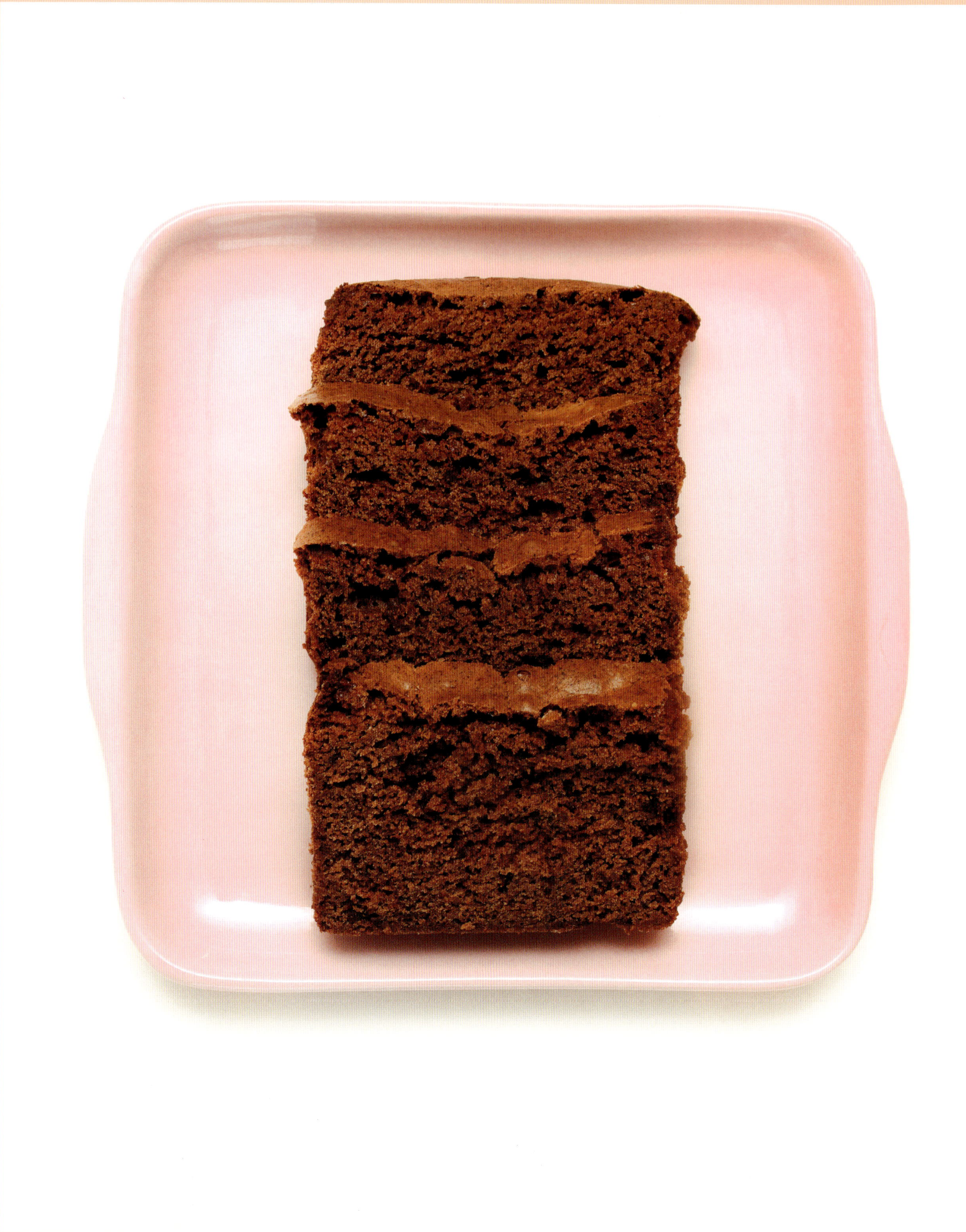

Bolo francês de chocolate

INGREDIENTES

3 OVOS

180 G DE AÇÚCAR

180 G DE FARINHA DE TRIGO

10 G DE FERMENTO EM PÓ

200 G DE MANTEIGA SEM SAL, DERRETIDA E FRIA

180 G DE CHOCOLATE MEIO AMARGO

1. Bata os ovos com o açúcar na batedeira até que a mistura fique clara e fofa.
2. Peneire a farinha com o fermento e incorpore à mistura de ovos, alternando com a manteiga derretida e fria.
3. Acrescente o chocolate derretido.
4. Despeje a massa em uma fôrma média de bolo inglês untada e forrada com papel-manteiga.
5. Leve ao forno preaquecido a 180 °C por aproximadamente 40 minutos ou até que, espetando um palito, ele saia seco.

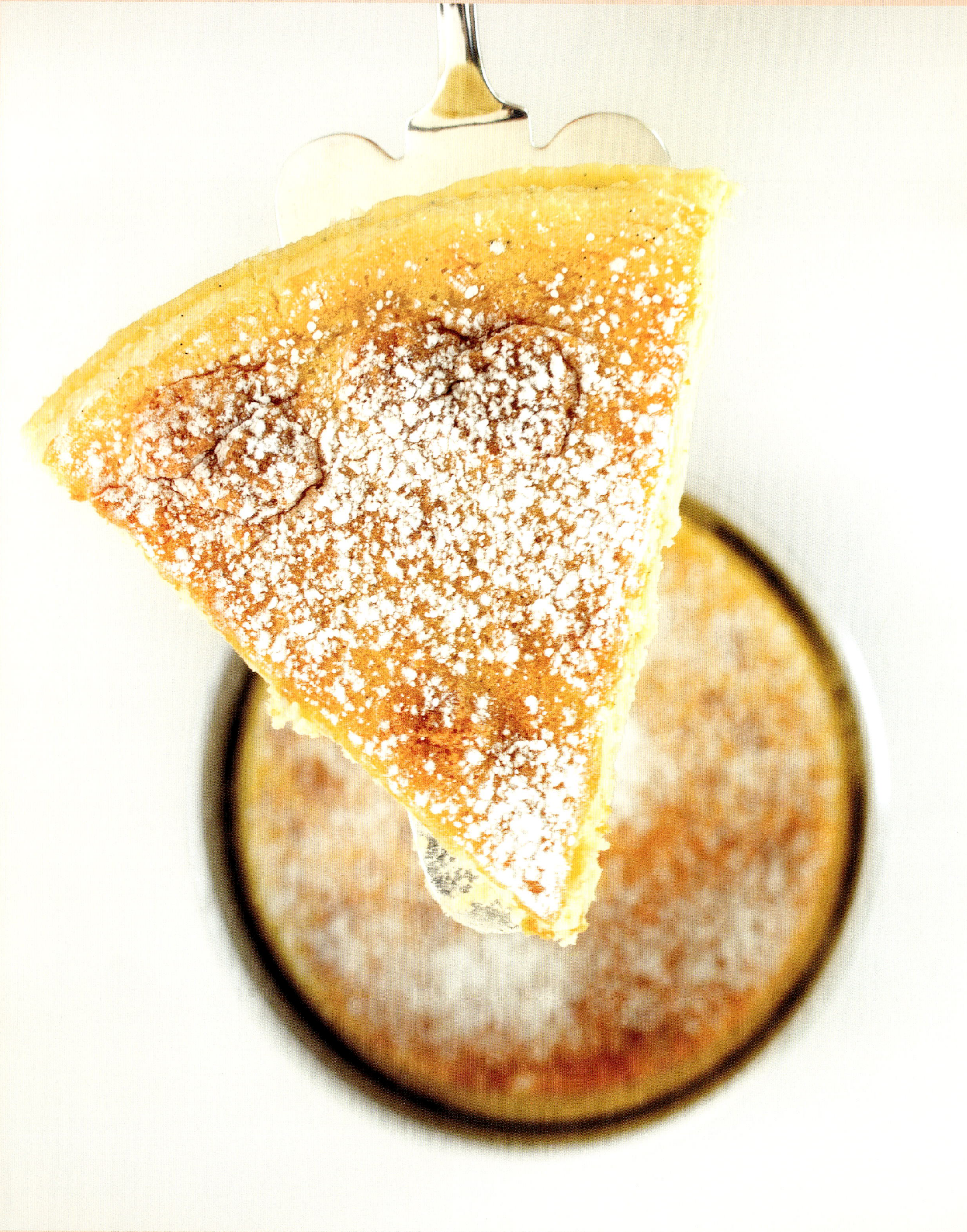

Gâteau magique

Versão francesa e mais sofisticada do nosso popular bolo pudim. Ao ser assada, a massa se separa, formando uma deliciosa camada de creme de baunilha na base.

INGREDIENTES

1 FAVA DE BAUNILHA

500 G DE LEITE

1 PITADA DE SAL

4 OVOS

125 G DE AÇÚCAR

120 G DE MANTEIGA SEM SAL

120 G DE FARINHA DE TRIGO

50 G DE AÇÚCAR DE CONFEITEIRO PARA DECORAR

1. Abra a fava de baunilha no sentido do comprimento e raspe as sementinhas com a ponta de uma faca. Misture a fava e as sementes ao leite e leve ao fogo até ferver. Deixe em infusão por meia hora. Peneire o leite, retire a fava, acrescente o sal e reserve.

2. Bata as gemas com o açúcar até que a mistura fique bem fofa e clara. Derreta a manteiga e adicione à mistura de gemas. Em seguida, acrescente a farinha peneirada.

3. Acrescente o leite com baunilha e mexa bem.

4. Bata as claras em neve em ponto firme e misture delicadamente com a ajuda de um fouet. Tome cuidado para não bater demais a mistura; é importante que ela fique bem granulosa, com a clara em neve ainda visível.

5. Despeje em uma fôrma redonda de 24 cm de diâmetro, untada e enfarinhada, e asse a 160 °C por aproximadamente 1 hora. Retire do forno, espere esfriar um pouco e coloque na geladeira por algumas horas.

6. Para servir, polvilhe açúcar de confeiteiro.

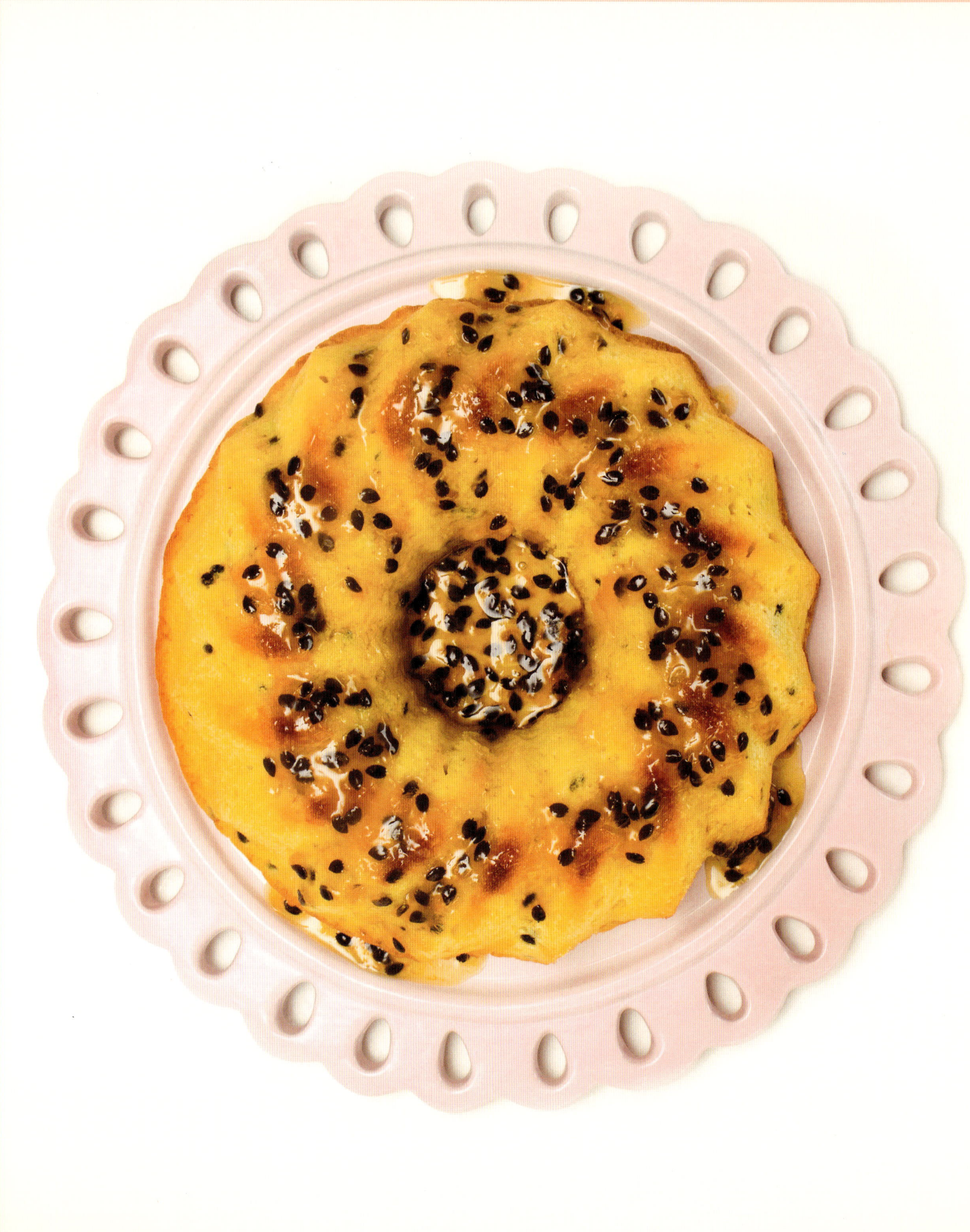

Bolo de polpa de maracujá

INGREDIENTES

5 OVOS

400 G DE AÇÚCAR

100 G DE MANTEIGA SEM SAL EM TEMPERATURA AMBIENTE

360 G DE FARINHA DE TRIGO

15 G DE FERMENTO EM PÓ

200 G DE POLPA DE MARACUJÁ AZEDO (APROXIMADAMENTE 2 MARACUJÁS MADUROS)

COBERTURA

100 G DE POLPA DE MARACUJÁ

50 G DE AÇÚCAR

1. Bata as gemas com o açúcar e a manteiga.
2. Peneire a farinha com o fermento e adicione à mistura, alternando com a polpa de maracujá. Bata as claras em neve e misture delicadamente, com movimentos de baixo para cima.
3. Leve ao forno preaquecido em 180 °C em uma fôrma de buraco no meio, de aproximadamente 21 cm de diâmetro, untada e enfarinhada.

COBERTURA

Leve os ingredientes ao fogo e deixe ferver por 2 minutos. Despeje em cima do bolo.

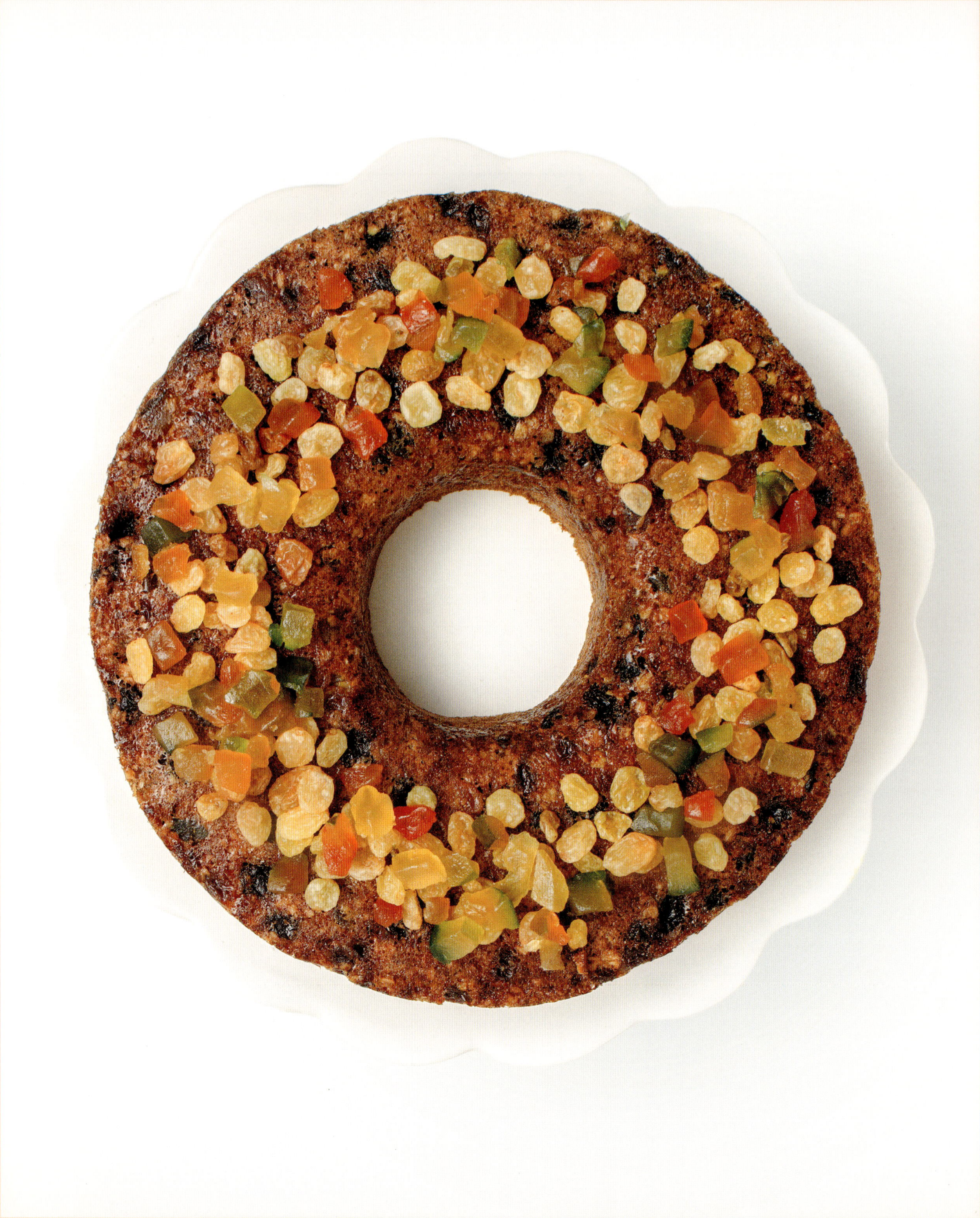

Bolo de aveia e frutas secas

A aveia é naturalmente isenta de glúten. Entretanto, como costuma ser armazenada com outros cereais, acaba apresentando traços da substância. Mas já existem no mercado opções totalmente livres de glúten. Esta receita, por ser feita apenas com aveia, é uma opção para quem não pode consumi-lo.

INGREDIENTES

6 OVOS

220 G DE AÇÚCAR MASCAVO

250 G DE AVEIA EM FLOCOS

100 G DE FRUTAS CRISTALIZADAS PICADAS

150 G DE UVAS-PASSAS BRANCAS

150 G DE UVAS-PASSAS PRETAS

150 G DE MANTEIGA SEM SAL, DERRETIDA

10 G DE FERMENTO EM PÓ

1. Na batedeira, bata as gemas com o açúcar. Passe a mistura para uma tigela e junte a aveia, as frutas cristalizadas e as passas. Acrescente a manteiga derretida e misture. Acrescente o fermento.

2. Bata as claras em neve e acrescente delicadamente à mistura.

3. Leve ao forno preaquecido em 180 °C em uma fôrma untada e enfarinhada, de buraco no centro, por aproximadamente 35 minutos.

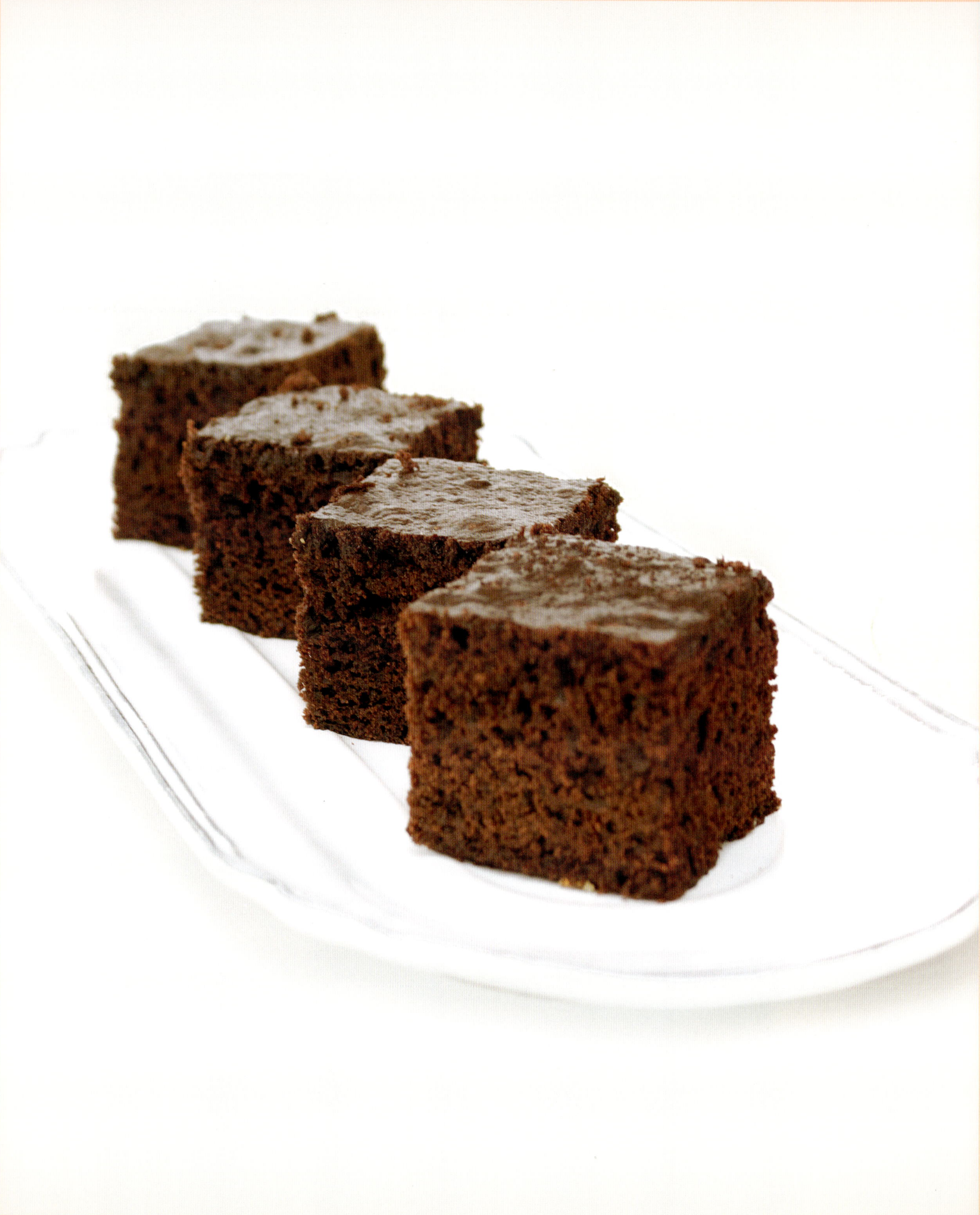

Bolo de chocolate trapaceiro

Para ser sincera, sempre tive o maior preconceito com receitas deste tipo, até que um dia a vontade de fazer um bolo foi maior que o preconceito. Não tinha manteiga nem óleo na despensa, o que acabou me convencendo. Afinal, pensando bem, maionese é feita de ovos e óleo, ambos ingredientes de bolo. Não é mesmo?

Aqui em versão bolo de chocolate, minha preferida. O sabor acentuado do cacau em pó prevalece sobre qualquer impressão que a maionese possa causar – sem contar que a receita acaba sendo bem interessante para pessoas alérgicas a lactose.

INGREDIENTES

360 G DE FARINHA DE TRIGO

5 G DE FERMENTO EM PÓ

5 G DE BICARBONATO DE SÓDIO

60 G DE CACAU EM PÓ

1 PITADA DE SAL

3 OVOS

160 G DE AÇÚCAR MASCAVO

200 G DE AÇÚCAR COMUM

10 G DE EXTRATO DE BAUNILHA

200 G DE MAIONESE

250 G DE ÁGUA QUENTE

1. Peneire a farinha com fermento, bicarbonato, cacau e sal. Reserve.
2. Bata os ovos, o açúcar mascavo, o açúcar comum e a baunilha na batedeira até a mistura ficar bem pálida e em ponto de fita. Adicione a maionese e misture. Não é necessário bater muito.
3. Acrescente a mistura de farinha, alternando com a água quente e batendo.
4. Unte e enfarinhe uma fôrma retangular de aproximadamente 25 × 35 cm de lado e despeje a massa. Leve ao forno preaquecido a 180 °C e asse por cerca de 40 minutos ou até que, espetando um palito, ele saia seco.

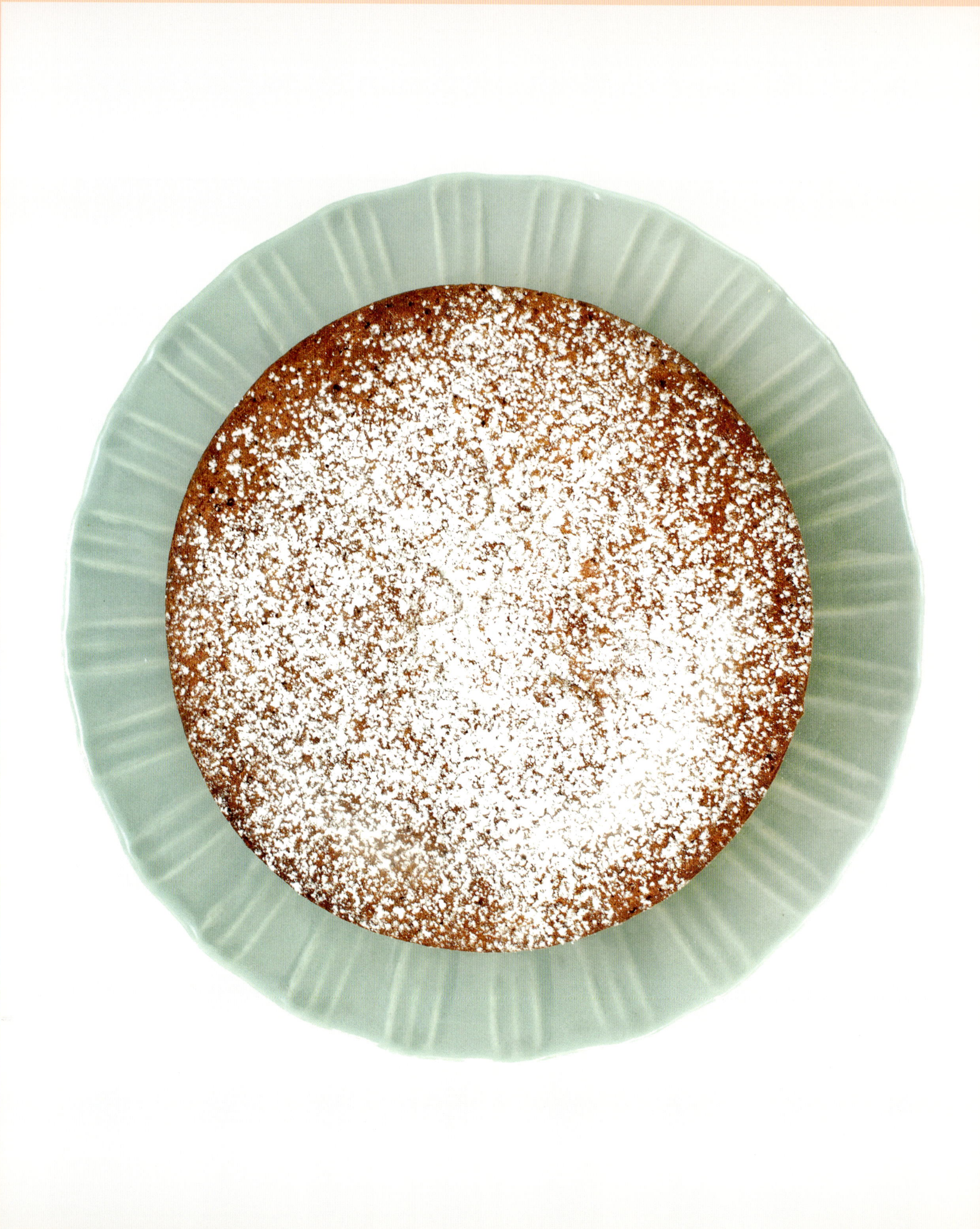

Bolo podre

Receita tradicional portuguesa de origem alentejana, o bolo podre tem suas raízes na doçaria conventual.

Sempre presente nas mesas de Natal, antigamente era feito com bastante antecedência e guardado em panelas de ferro, para que o sabor se desenvolvesse.

INGREDIENTES

250 G DE FARINHA DE TRIGO

10 G DE FERMENTO EM PÓ

1 PITADA DE SEMENTES DE ERVA-DOCE

50 G DE AÇÚCAR

4 OVOS

CASCA RALADA DE 2 LARANJAS

200 G DE MEL

200 G DE AZEITE

30 G DE AÇÚCAR IMPALPÁVEL

1. Peneire a farinha com o fermento e junte as sementes de erva-doce.

2. Bata o açúcar com as gemas até que a mistura fique bem clara e fofa. Acrescente as raspas de laranja.

3. Acrescente o mel e o azeite, alternando com a farinha peneirada. Por fim, adicione as claras em neve.

4. Leve ao forno preaquecido a 180 °C em uma fôrma de aproximadamente 20 cm de diâmetro, untada e enfarinhada, por aproximadamente 50 minutos ou até que, espetando um palito, ele saia seco. Decore com açúcar impalpável polvilhando com a ajuda de uma peneira.

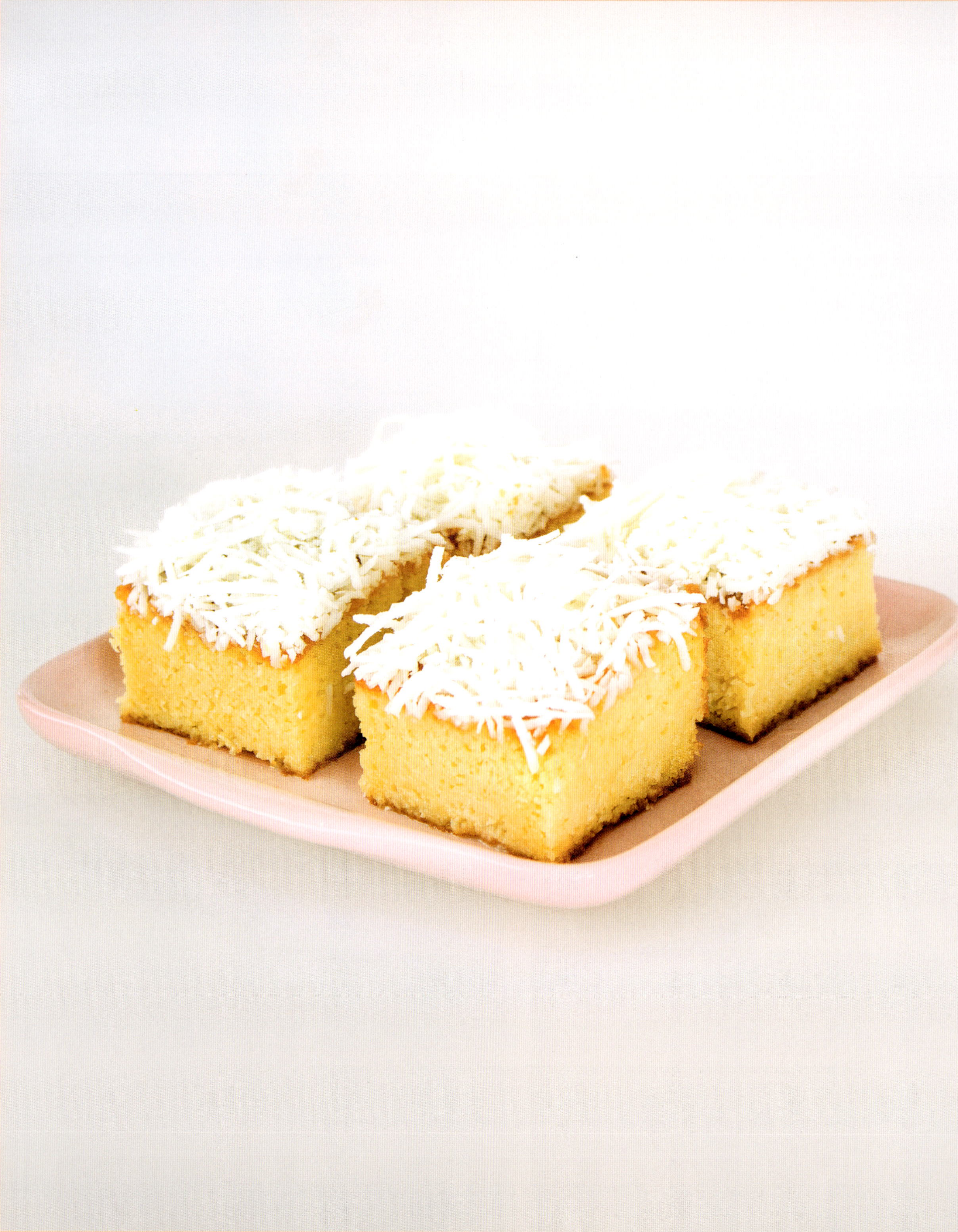

Bolo Toalha Felpuda

Um clássico no Brasil, muitas vezes chamado de "bolo de coco gelado". O segredo do sucesso é usar coco fresco. Se não for possível, use a versão em flocos.

INGREDIENTES

320 G DE FARINHA DE TRIGO

15 G DE FERMENTO EM PÓ

100 G DE LEITE

100 G DE LEITE DE COCO

5 OVOS

400 G DE AÇÚCAR

200 G DE MANTEIGA SEM SAL EM TEMPERATURA AMBIENTE

COBERTURA

300 G DE LEITE

395 G DE LEITE CONDENSADO

250 G DE COCO RALADO FRESCO

Comece o bolo pela cobertura, para ter certeza de que estará fria para ser utilizada.

MASSA

1. Peneire a farinha com o fermento e reserve.
2. Misture o leite com o leite de coco. Reserve.
3. Batas as gemas, o açúcar e a manteiga na batedeira até obter um creme. Acrescente a farinha peneirada, alternando com os leites.
4. Por fim, adicione as claras em neve.
5. Leve ao forno em uma fôrma retangular de tamanho médio, untada e enfarinhada, e asse em forno preaquecido a 180 °C.

COBERTURA

1. Misture os ingredientes e leve ao fogo até levantar fervura. Desligue imediatamente e reserve até esfriar.
2. Retire o bolo do forno, espere esfriar por 5 minutos e espalhe sobre ele os ingredientes da cobertura. Espere esfriar totalmente e conserve na geladeira.

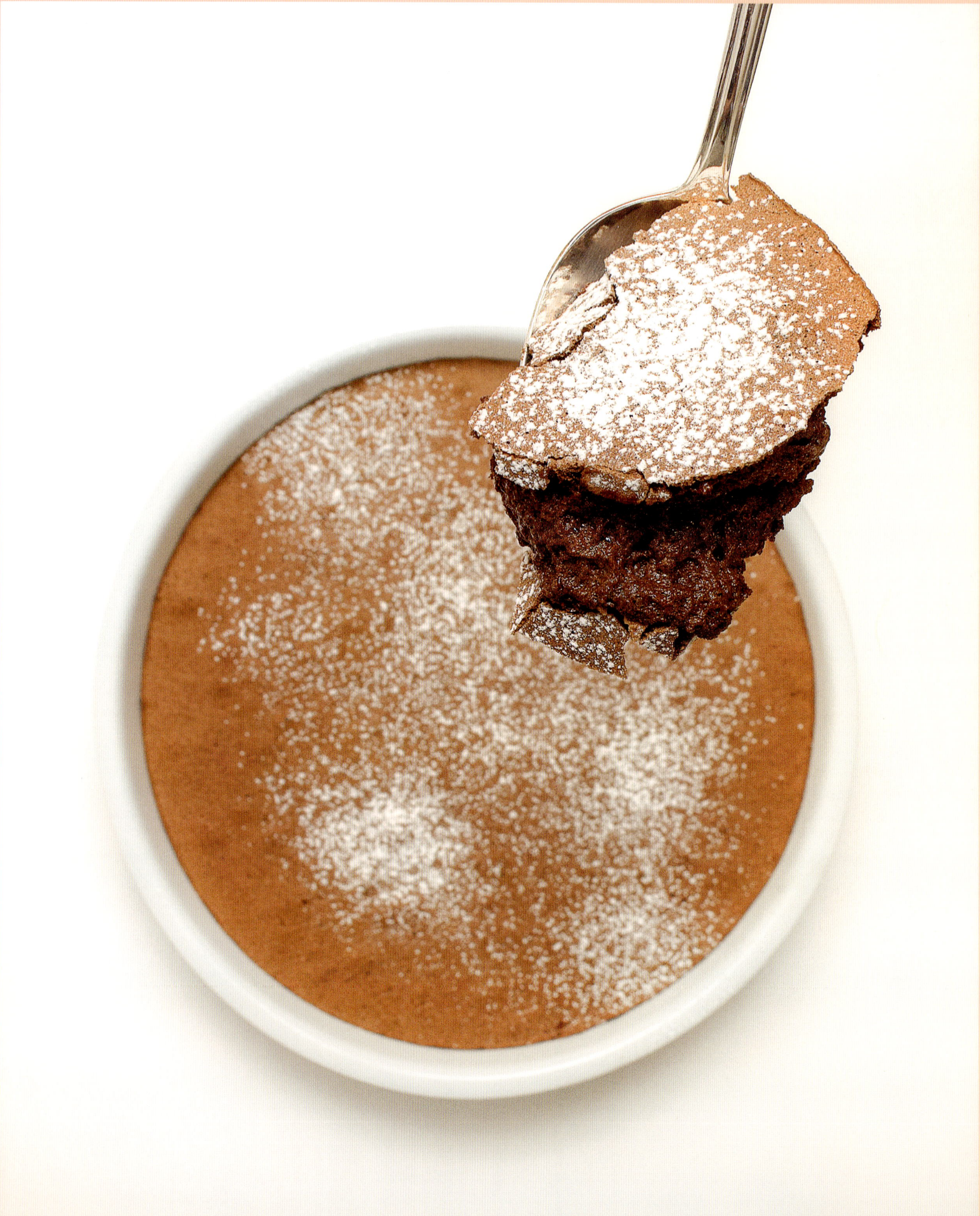

Bolo cremoso de chocolate

Mistura de bolo com mousse de chocolate servida quente, saída do forno. Uma sobremesa deliciosa e surpreendentemente fácil.

INGREDIENTES

180 G DE CHOCOLATE MEIO AMARGO

6 OVOS GRANDES

100 G DE AÇÚCAR

1 PITADA DE SAL

20 G DE AÇÚCAR DE CONFEITEIRO

1. Ferva água para fazer um banho-maria no forno.
2. Unte com manteiga e polvilhe com açúcar uma fôrma de vidro ou porcelana com capacidade para 1 litro. Reserve também uma assadeira funda e de fundo fixo que seja maior que a fôrma em que o bolo será assado, para montar o banho-maria no forno.
3. Derreta o chocolate em banho-maria e reserve.
4. Bata as gemas com o açúcar até que a mistura fique bem clara e fofa.
5. Com uma pitada de sal, bata as claras em neve até ficarem firmes.
6. Misture as claras ao chocolate e às gemas aos poucos, começando com a adição de aproximadamente 1/3 das claras em neve à mistura de gemas. Utilize uma espátula de silicone e faça movimentos suaves, de baixo para cima. Despeje na fôrma de vidro ou porcelana untada, coloque a fôrma dentro de uma assadeira e leve ao forno preaquecido a 180 °C. Preencha a assadeira externa com um pouco de água fervente, não ultrapassando a altura de 2 cm de água.
7. Asse por aproximadamente 30 minutos, ou até que o centro esteja crescido. Retire do forno cuidadosamente, polvilhe com açúcar de confeiteiro e sirva.

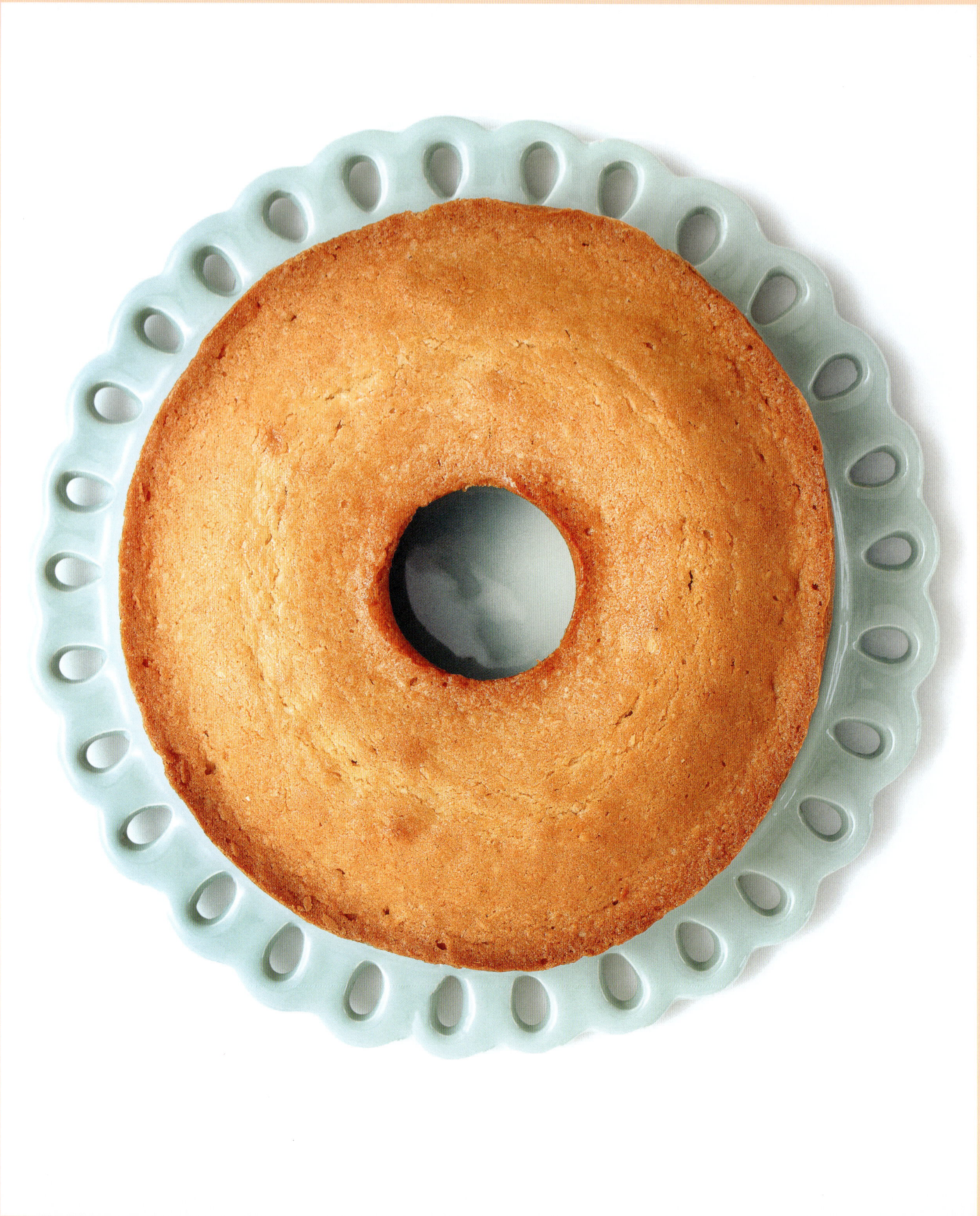

Bolo espanhol

INGREDIENTES

220 G DE FARINHA DE TRIGO

10 G DE FERMENTO EM PÓ

6 OVOS

250 G DE MANTEIGA SEM SAL DERRETIDA

375 G DE AÇÚCAR

2 LARANJAS-PERA BEM MADURAS
(SUCO E RASPAS DAS CASCAS)

200 G DE FARINHA DE AMÊNDOA

1. Peneire a farinha de trigo com o fermento e reserve.
2. Separe os ovos. Bata todas as gemas com 2 claras e o açúcar até embranquecerem. Junte a manteiga derretida e bata bem.
3. Acrescente a farinha de trigo peneirada com o fermento, alternando com o suco e as raspas da laranja. Junte a farinha de amêndoas e as claras restantes, batidas em neve.
4. Leve ao forno preaquecido a 180 °C em uma fôrma untada e enfarinhada e asse até que, espetando um palito, ele saia seco.
5. Sirva acompanhado de chantili.

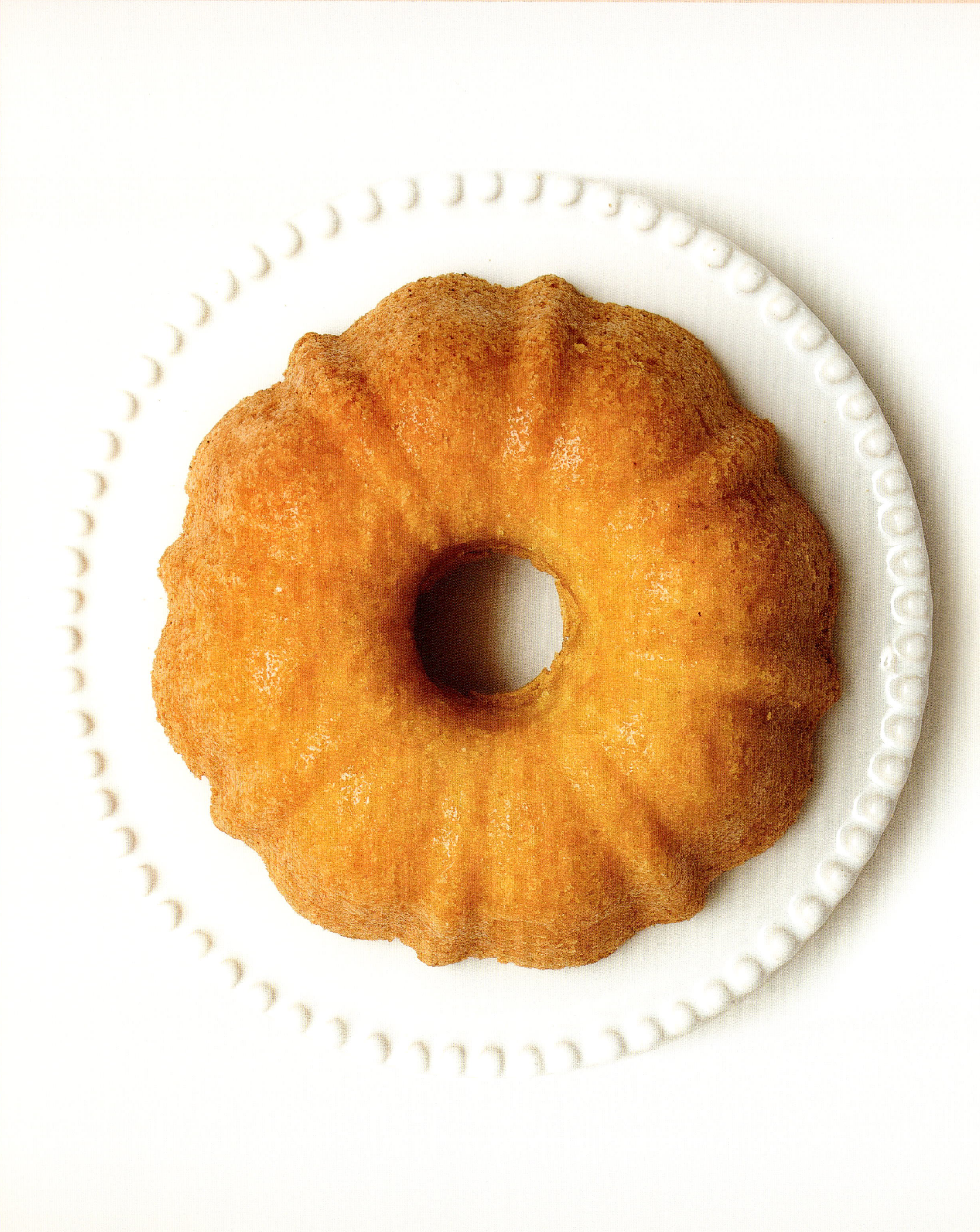

Bolo de arroz

INGREDIENTES

300 G DE FARINHA DE ARROZ

5 G DE FERMENTO EM PÓ

4 OVOS

400 G DE AÇÚCAR

150 G DE MANTEIGA SEM SAL, DERRETIDA E FRIA

1. Peneire a farinha com o fermento e reserve. Bata as gemas com o açúcar até obter um creme fofo e pálido.
2. Acrescente a manteiga derretida, misture e adicione a farinha peneirada, mexendo com movimentos suaves.
3. Por fim, adicione as claras batidas em neve.
4. Despeje em uma fôrma redonda, de buraco no centro e aproximadamente 26 cm de diâmetro, untada e enfarinhada, e asse em forno preaquecido a 170 °C até que, espetando um palito, ele saia seco.

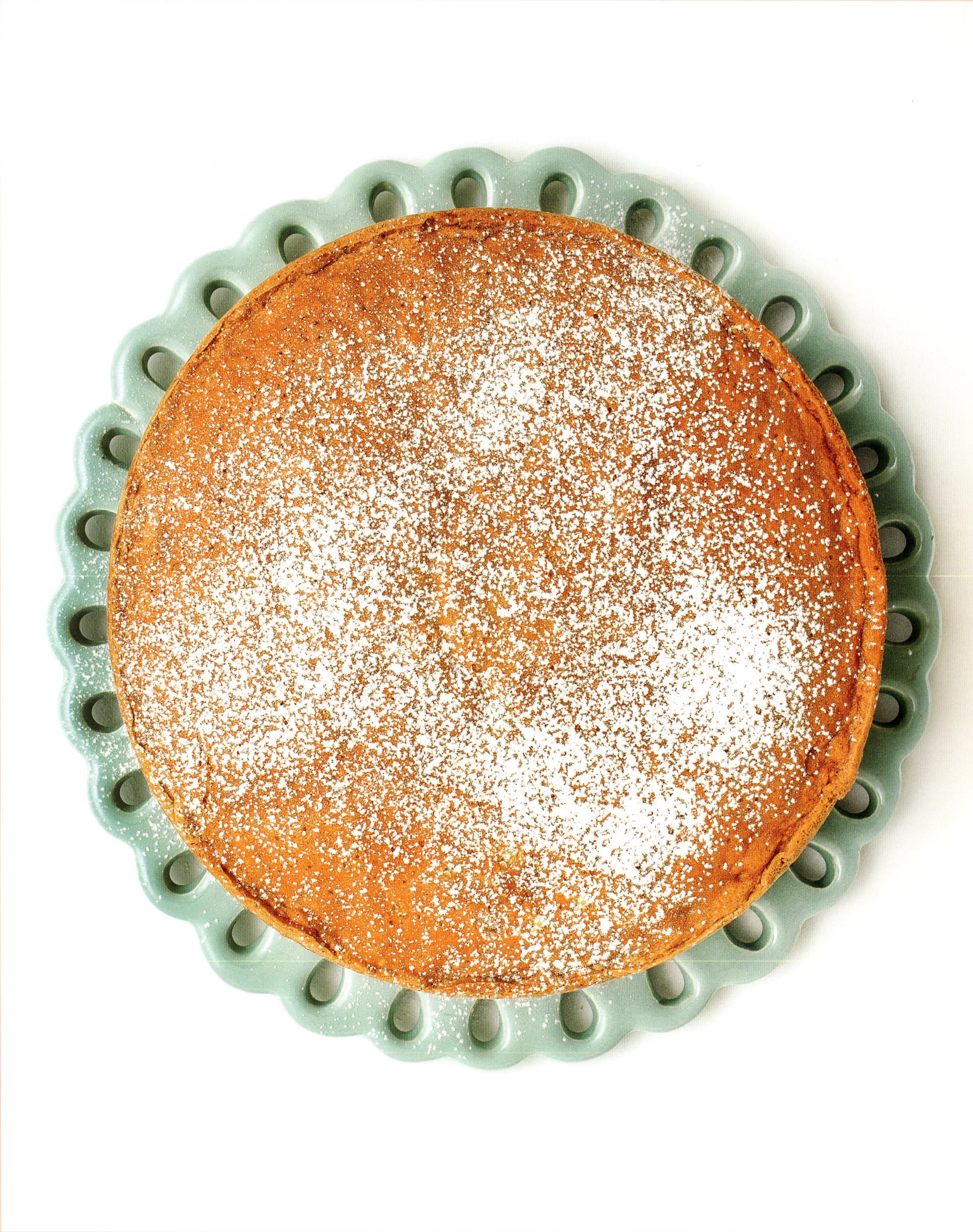

"Pão de ló" de água

O título desta receita está entre aspas porque, na realidade, esta não é uma receita original de pão de ló. Mas o resultado é uma massa fofíssima, muito leve e, ainda assim, com estrutura suficiente para ser recheada de diferentes formas. Fiz durante muitos anos para meus clientes, e eles a batizaram de pão de ló:

"— Otávia, quero aquele pão de ló bem fofinho..."

Ela faz parte do meu acervo de receitas há quase 20 anos, e eu a encontrei no caderno de receitas da minha mãe.

INGREDIENTES

480 G DE FARINHA DE TRIGO

15 G DE FERMENTO EM PÓ

60 G DE ÓLEO

200 G DE ÁGUA

6 OVOS GRANDES

400 G DE AÇÚCAR

1. Peneire a farinha com o fermento. Misture o óleo e a água.

2. Na batedeira, bata os ovos com o açúcar com o batedor de arame por pelo menos 10 minutos, ou até que a mistura fique bem fofa e aerada.

3. Desligue a batedeira, acrescente a água, mexa e, aos poucos, acrescente a farinha, fazendo movimentos de baixo para cima com o fouet, até que esteja tudo misturado e bem homogêneo.

4. Coloque em uma assadeira forrada com papel-manteiga untado e leve ao forno preaquecido a 180 °C por aproximadamente 45 minutos ou até que, espetando um palito, ele saia seco.

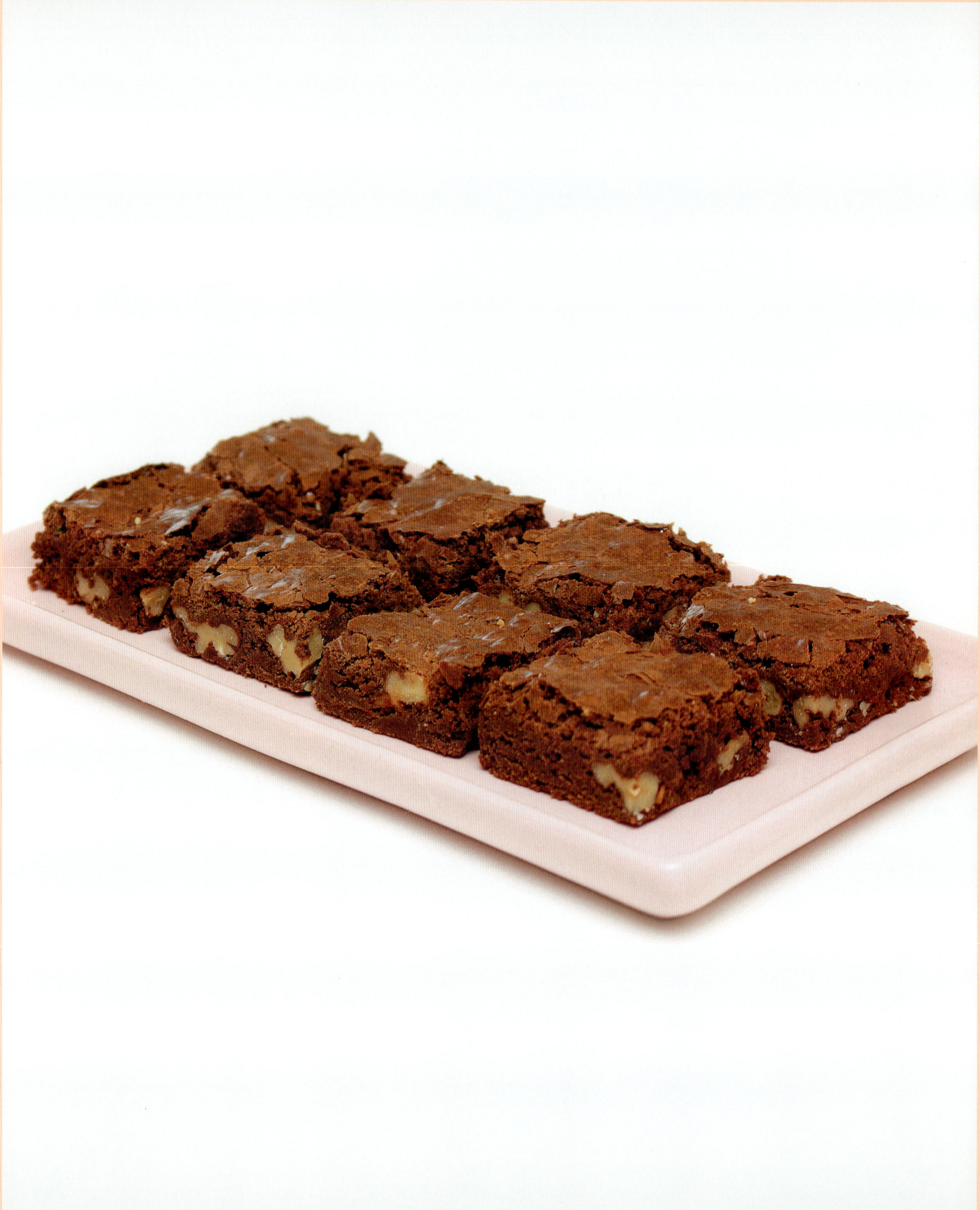

Brownie clássico

INGREDIENTES

300 G DE CHOCOLATE MEIO AMARGO

100 G DE MANTEIGA SEM SAL

100 G DE AÇÚCAR MASCAVO

100 G DE AÇÚCAR REFINADO

3 OVOS

1 PITADA DE SAL

5 G DE EXTRATO DE BAUNILHA

100 G DE FARINHA DE TRIGO

70 G DE NOZES EM PEDAÇOS

1. Derreta o chocolate com a manteiga em banho-maria. Reserve.
2. Bata os dois tipos de açúcar com os ovos, o sal e a baunilha apenas até misturar e acrescente a mistura de chocolate derretido.
3. Adicione a farinha e mexa com o fouet. Termine acrescentando as nozes.
4. Despeje a massa em uma fôrma quadrada de aproximadamente 20 cm de lado e leve ao forno preaquecido a 180 °C. Asse por 30 minutos, ou até que esteja opaco, crescido e ligeiramente firme.
5. Retire do forno e deixe esfriar antes de cortar.

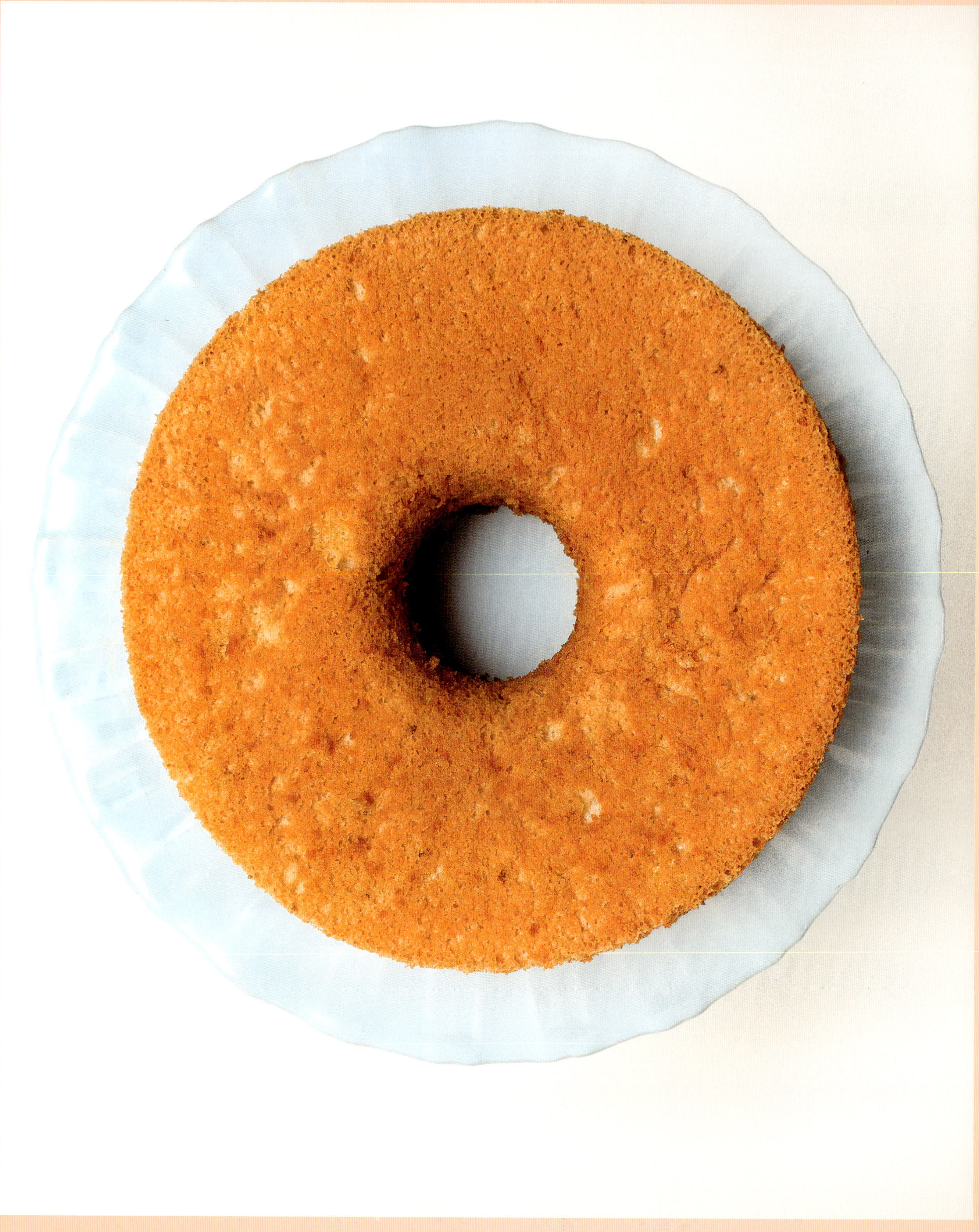

Angel Food Cake

Receita tradicional americana que produz um bolo levíssimo, muito fofo e quase branco. É importante ter a fôrma específica de angel cake para que o resultado seja o melhor possível.

INGREDIENTES

160 G DE FARINHA DE TRIGO

1 PITADA DE SAL

12 CLARAS, EM TEMPERATURA AMBIENTE

7 G DE SUCO DE LIMÃO OU VINAGRE BRANCO

250 G DE AÇÚCAR

1 COLHER DE CHÁ DE EXTRATO DE BAUNILHA

1. Peneire a farinha com o sal e reserve.
2. Coloque as claras na batedeira e bata até que comecem a espumar. Adicione o suco de limão ou o vinagre branco e continue batendo até chegar ao ponto de neve suave.
3. Adicione o açúcar aos poucos, batendo continuamente, até a mistura ficar bem firme, acrescente a baunilha.
4. Deligue a batedeira e adicione a farinha, fazendo movimentos suaves de cima para baixo com uma espátula e tomando cuidado para não perder o volume da mistura.
5. Despeje a massa cuidadosamente em uma fôrma de angel cake (a mesma usada para bolos chiffon) sem untar. Leve ao forno a 180 °C por aproximadamente 40 minutos, ou até que esteja bem dourado e, ao ser pressionada com o dedo, a massa esteja fofa e volte rapidamente para o formato original.
6. Retire do forno, inverta a fôrma sobre os suportes e deixe esfriar.
7. Para desenformar, passe uma faca na lateral da fôrma.

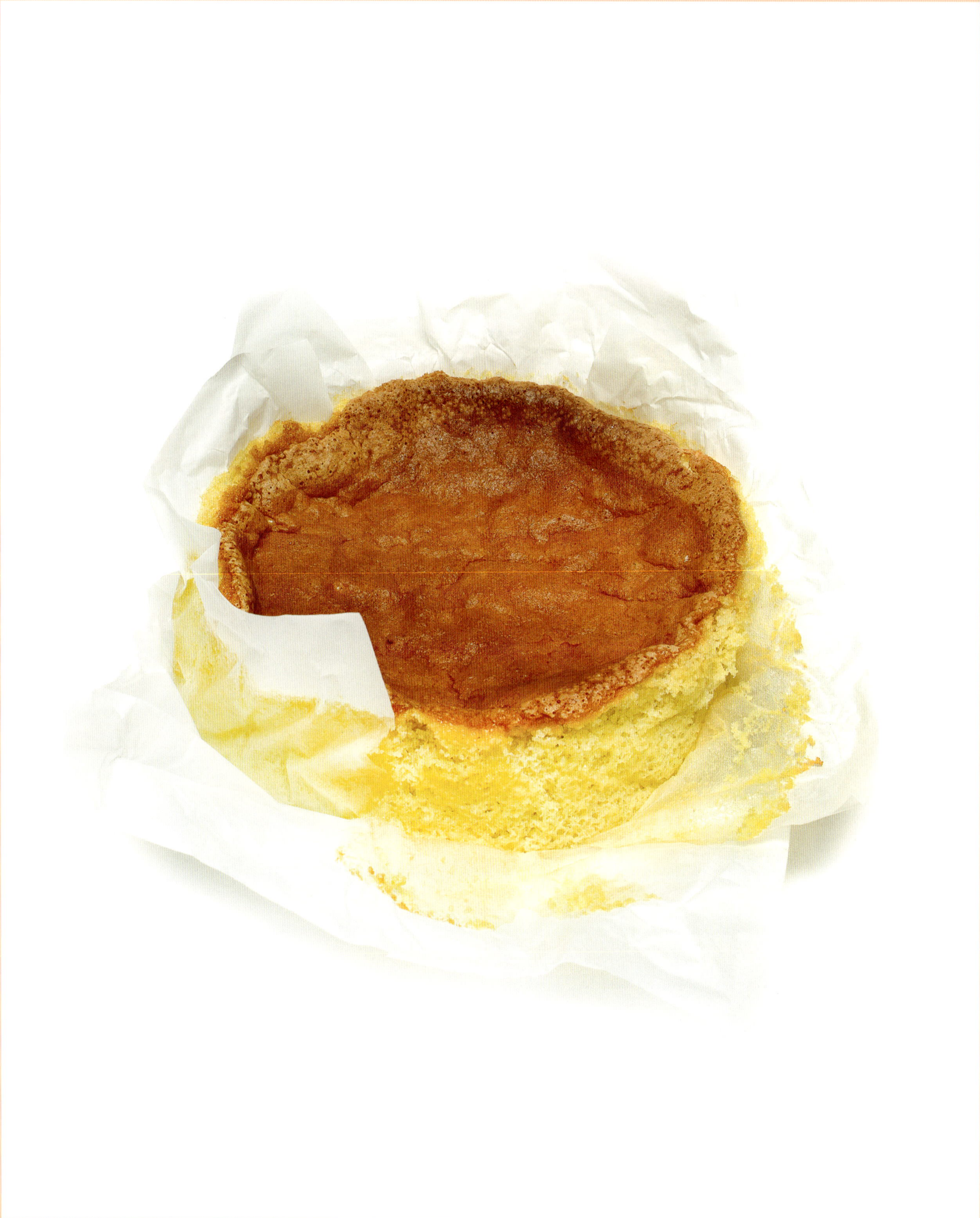

Pão de ló tradicional

Esta receita portuguesa é uma adaptação de uma antiga receita conventual da cidade de Odivelas.

Em Portugal, há variações regionais para o preparo do pão de ló. Originalmente, ele era assado no forno a lenha recém-apagado, em uma fôrma de barro forrada de papel. Para manter parte da tradição, forramos a assadeira com papel-manteiga.

Um detalhe interessante é que é normal que o pão de ló diminua de tamanho após sair do forno. A receita estará certa desde que ele mantenha a textura fofa e leve.

INGREDIENTES

8 OVOS

250 G DE AÇÚCAR

200 G DE FARINHA DE TRIGO

1. Bata os ovos com o açúcar na batedeira até que a mistura fique muito fofa e bem pálida e, ao tocá-la, não seja possível sentir os grãos de açúcar (o processo leva aproximadamente de 10 a 15 minutos). Desligue a batedeira e acrescente a farinha, peneirando aos poucos e mexendo com movimentos suaves de cima para baixo.

2. Coloque em uma fôrma de 25 cm de diâmetro, untada e forrada no fundo e na lateral com papel-manteiga, e leve ao forno preaquecido a 180 °C, até assar, por aproximadamente 40 minutos ou até que esteja dourada e que, ao espetar um palito, ele saia seco.

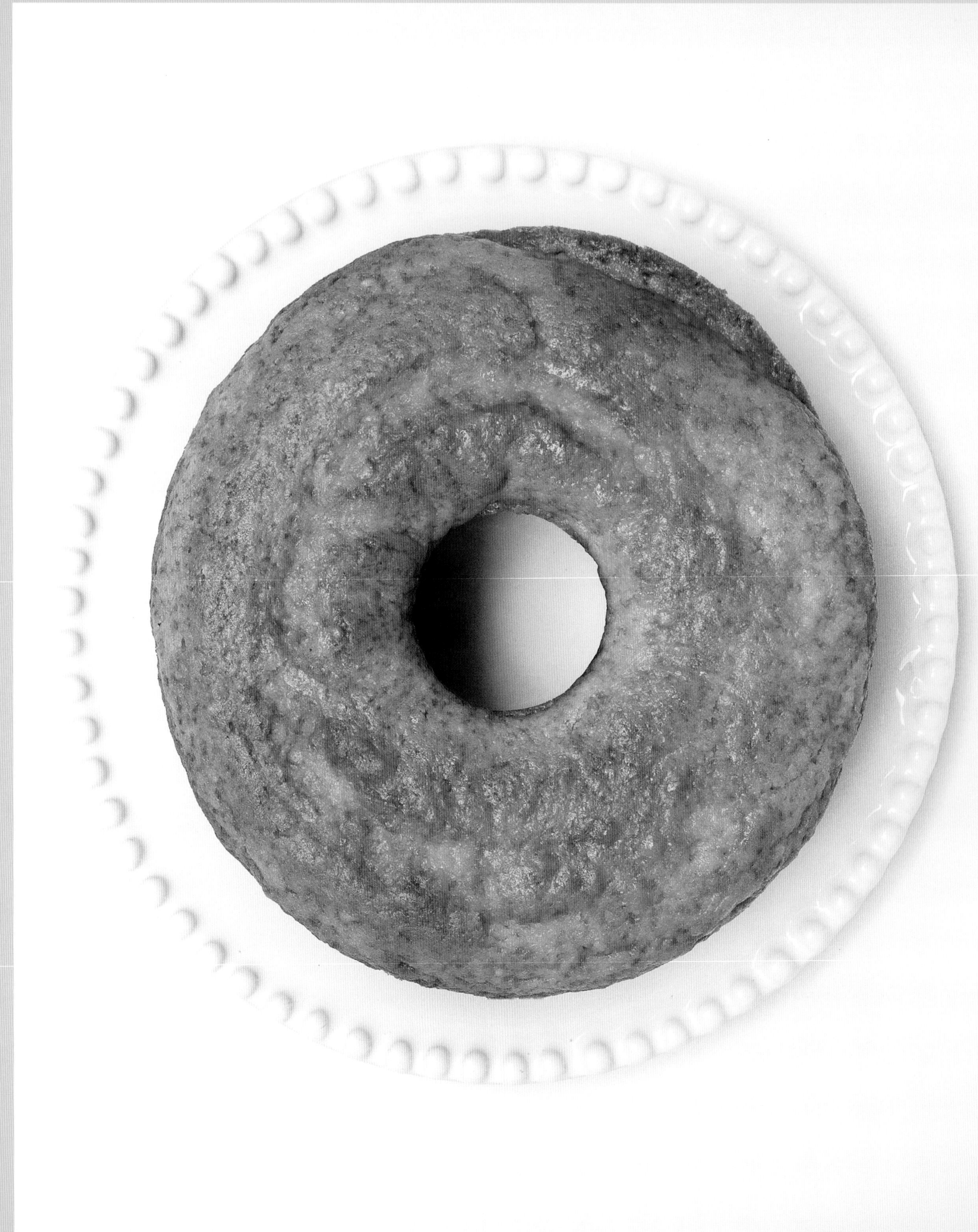

Bolo siciliano

INGREDIENTES

260 G DE FARINHA DE TRIGO

10 G DE FERMENTO EM PÓ

250 G DE LEITE

50 G DE CONHAQUE

2 OVOS

120 G DE AÇÚCAR

RASPAS DE 1 LIMÃO-SICILIANO

RASPAS DE 1 LARANJA

50 G DE MANTEIGA SEM SAL, DERRETIDA

1. Peneire a farinha com o fermento e reserve. Misture o leite e o conhaque.
2. Bata as gemas com o açúcar e as raspas de limão e laranja até obter um creme pálido. Junte a manteiga derretida e, em seguida, a farinha reservada, alternando com o leite. Por fim, adicione as claras em neve.
3. Despeje em uma fôrma pequena, untada e polvilhada com farinha de rosca.
4. Asse no forno preaquecido a 180 °C por aproximadamente 35 minutos.

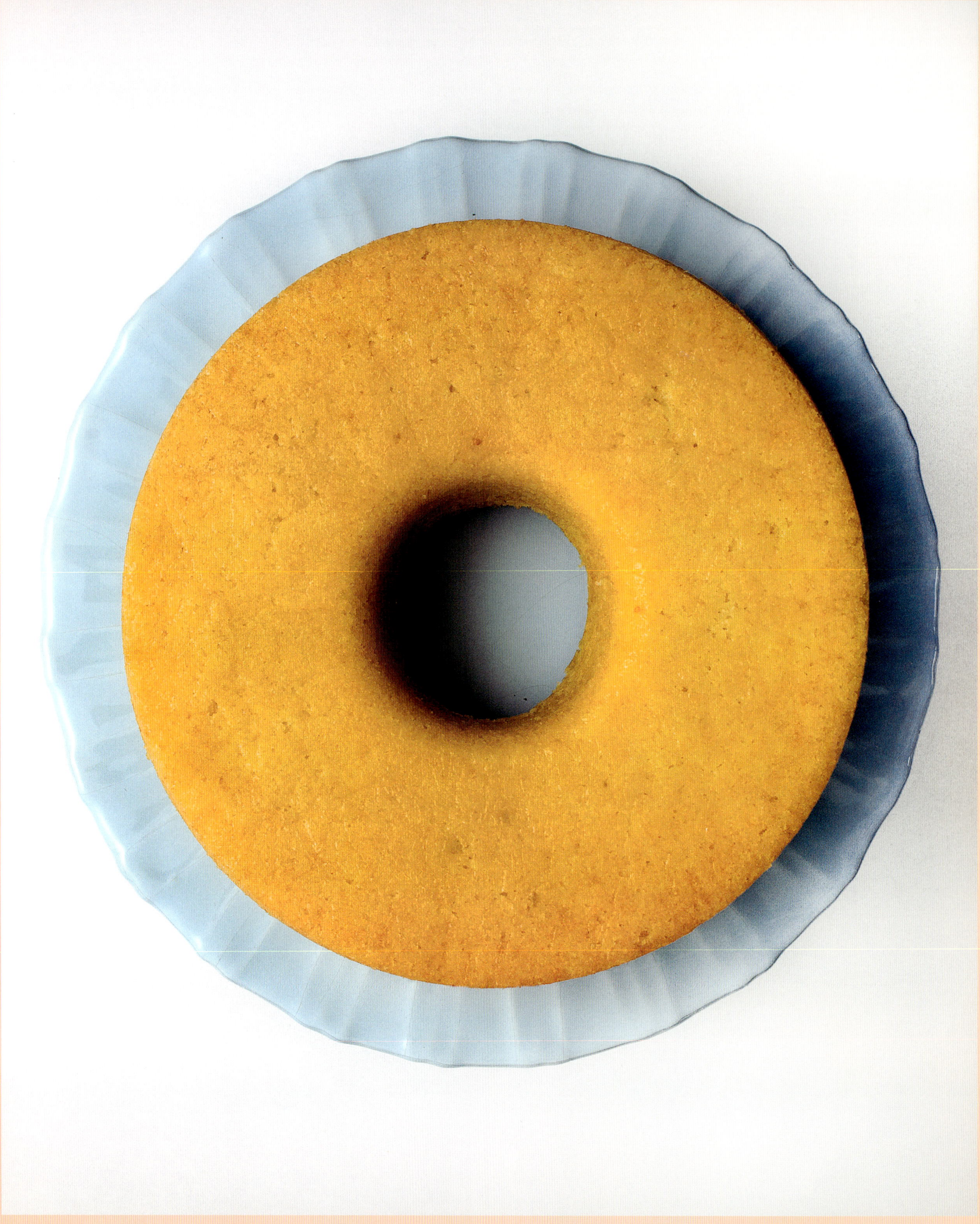

Bolo dourado

INGREDIENTES

8 GEMAS

250 G DE AÇÚCAR

270 G DE MANTEIGA DERRETIDA

SUCO DE 1 LIMÃO-SICILIANO

250 G DE FARINHA DE TRIGO

10 G DE FERMENTO

1. Bata as gemas com o açúcar até que a mistura fique fofa e pálida.
2. Acrescente a manteiga derretida, o suco de limão e a farinha peneirada com fermento. Leve ao forno em uma fôrma untada com manteiga e enfarinhada.
3. Asse a 180 °C por aproximadamente 50 minutos ou até que, espetando um palito, ele saia seco.

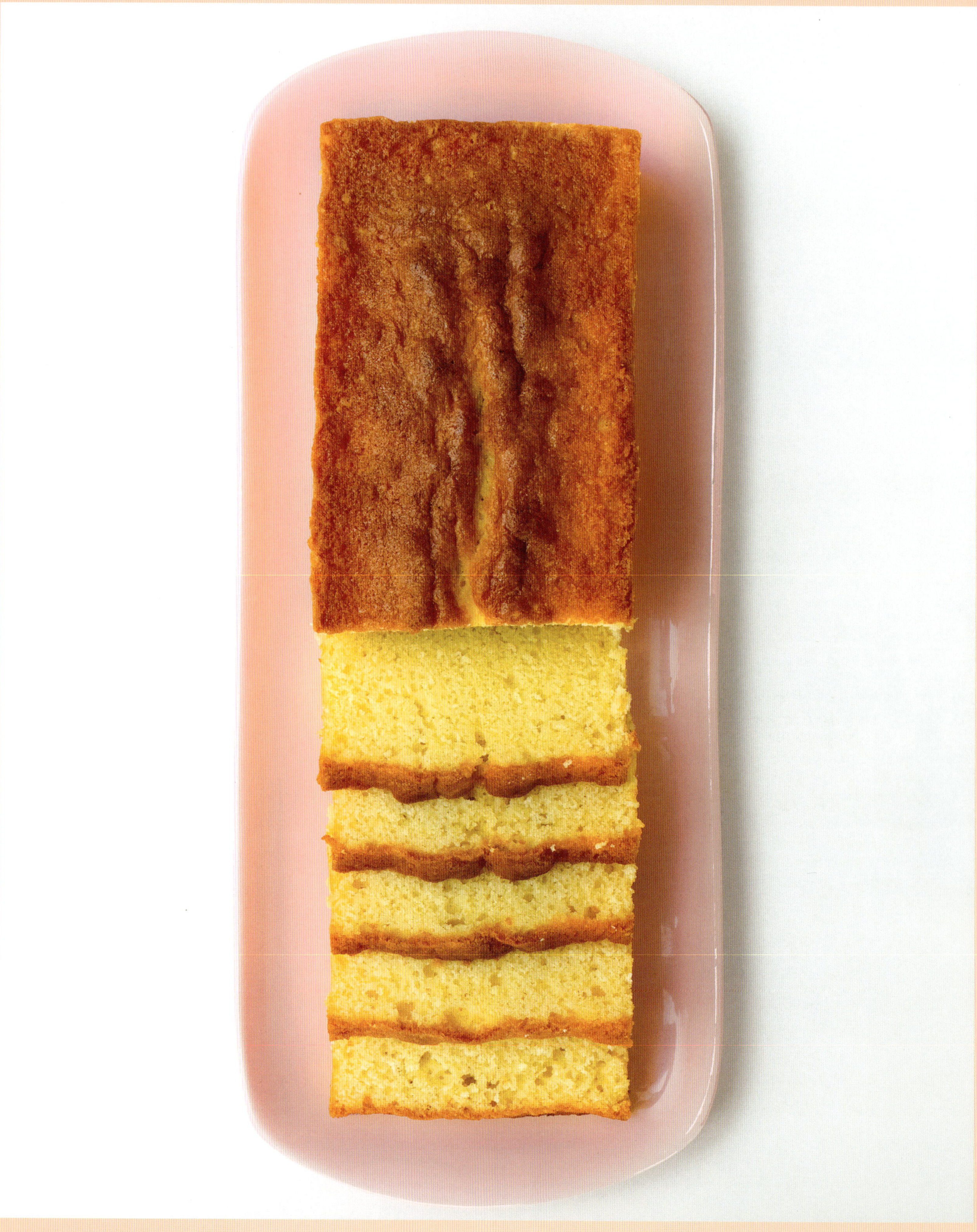

Pound Cake

Segundo o *Larousse Gastronomique*, o Pound Cake surgiu na Inglaterra e foi umas das primeiras receitas amanteigadas, sendo o quatre-quarts francês seu parente. Esta pode ser considerada uma receita de base, já que muitos sabores e variações derivam desta criação.

Mesmo sendo muito simples, é uma receita que muitas vezes traz dificuldades, pois a grande quantidade de manteiga pode fazer com que a massa desande, resultando em um bolo pesado e por vezes duro.

A técnica tradicional recomenda que manteiga e açúcar sejam batidos juntos até a formação de um creme bem leve, sendo seguidos pela adição dos ovos, sempre com batimento contínuo.

Depois de muitos testes (e vários fracassos), resolvi testar a receita do livro *The Cake Bible*, de Rose Levy Beranbaum. Ela esmiúça técnicas e processos e sugere para o Pound Cake a mistura de todos os ingredientes quase de uma única vez, proporcionando um resultado muito melhor. Adotei o método, e a receita apresentada aqui foi inspirada na dela, embora com alterações. Reduzi consideravelmente a quantidade de manteiga, para que a massa ficasse mais leve, e aumentei a de fermento.

INGREDIENTES

150 G DE FARINHA DE TRIGO

5 G DE FERMENTO EM PÓ

150 G DE MANTEIGA SEM SAL EM TEMPERATURA AMBIENTE

3 OVOS

45 G DE LEITE

150 G DE AÇÚCAR

1. Peneire a farinha com o fermento. Reserve.
2. Bata a manteiga até que ela fique cremosa.
3. Com o auxílio de um garfo, apenas para misturar, bata os ovos com o leite.
4. Coloque todos os ingredientes na batedeira: a farinha com fermento, a manteiga, os ovos, o leite e o açúcar, bata até que fique homogêneo. Tente não bater demais a massa.
5. Despeje em uma fôrma de bolo inglês, untada e enfarinhada, e leve ao forno preaquecido a 180 °C por 45 minutos.

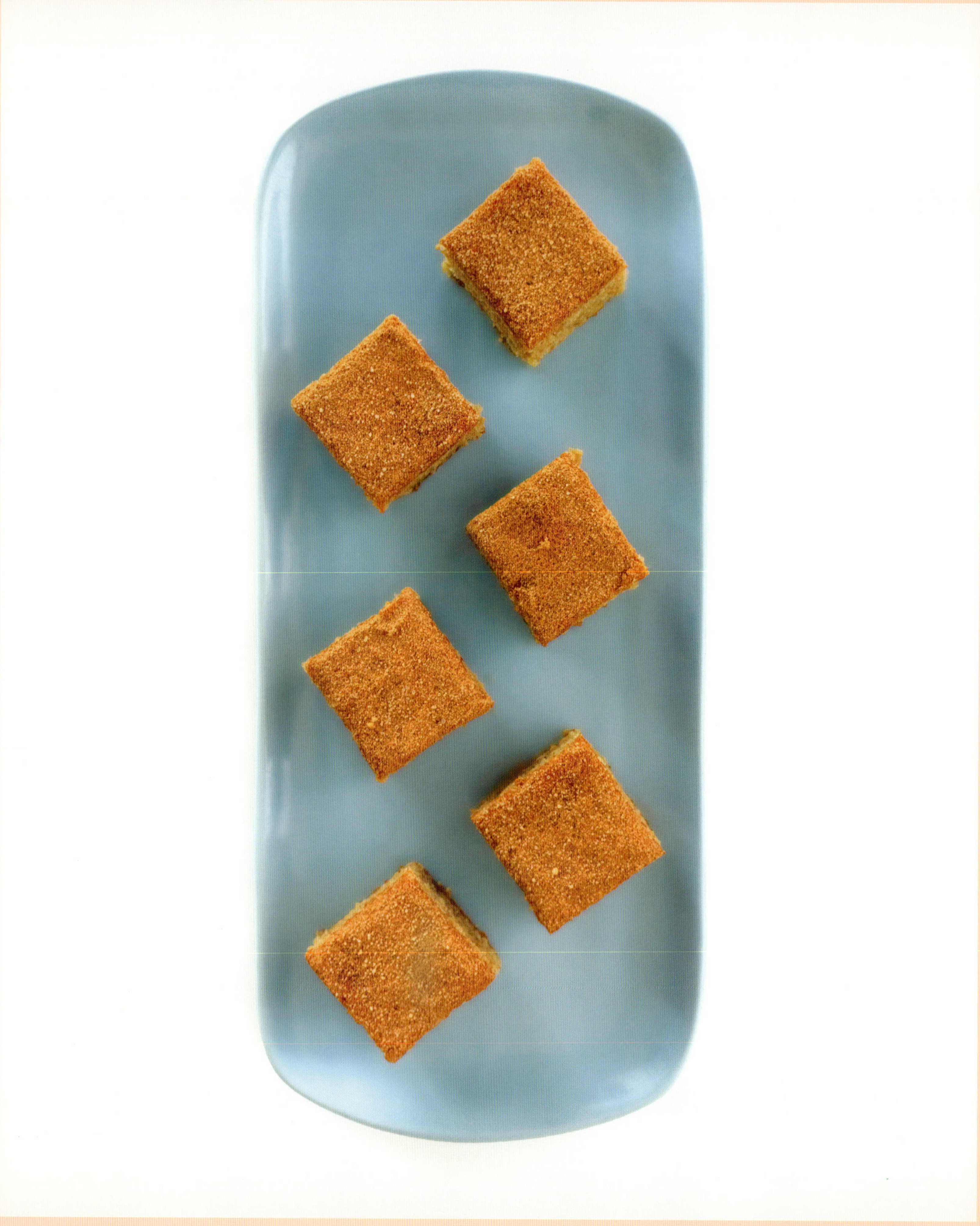

Bolo de banana com farinha de rosca

INGREDIENTES

400 G DE AÇÚCAR

380 G DE FARINHA DE ROSCA

15 G DE CANELA EM PÓ

15 G DE FERMENTO EM PÓ

3 OVOS

170 G DE ÓLEO

3 BANANAS NANICAS BEM MADURAS

50 G DE AÇÚCAR PARA POLVILHAR

1. Misture o açúcar, a farinha de rosca, uma colher de chá de canela (5 g) e o fermento. Reserve.
2. Bata os ovos, o óleo e as bananas no liquidificador até obter uma mistura homogênea.
3. Adicione a mistura de bananas à mistura de farinha e mexa com a ajuda de um fouet.
4. Unte uma assadeira retangular de aproximadamente 32 × 22 cm com manteiga e polvilhe com farinha. Despeje a massa na fôrma e leve-a ao forno preaquecido a 180 °C por aproximadamente 35 minutos. Retire do forno e polvilhe o bolo, ainda quente, com açúcar e a canela restante.

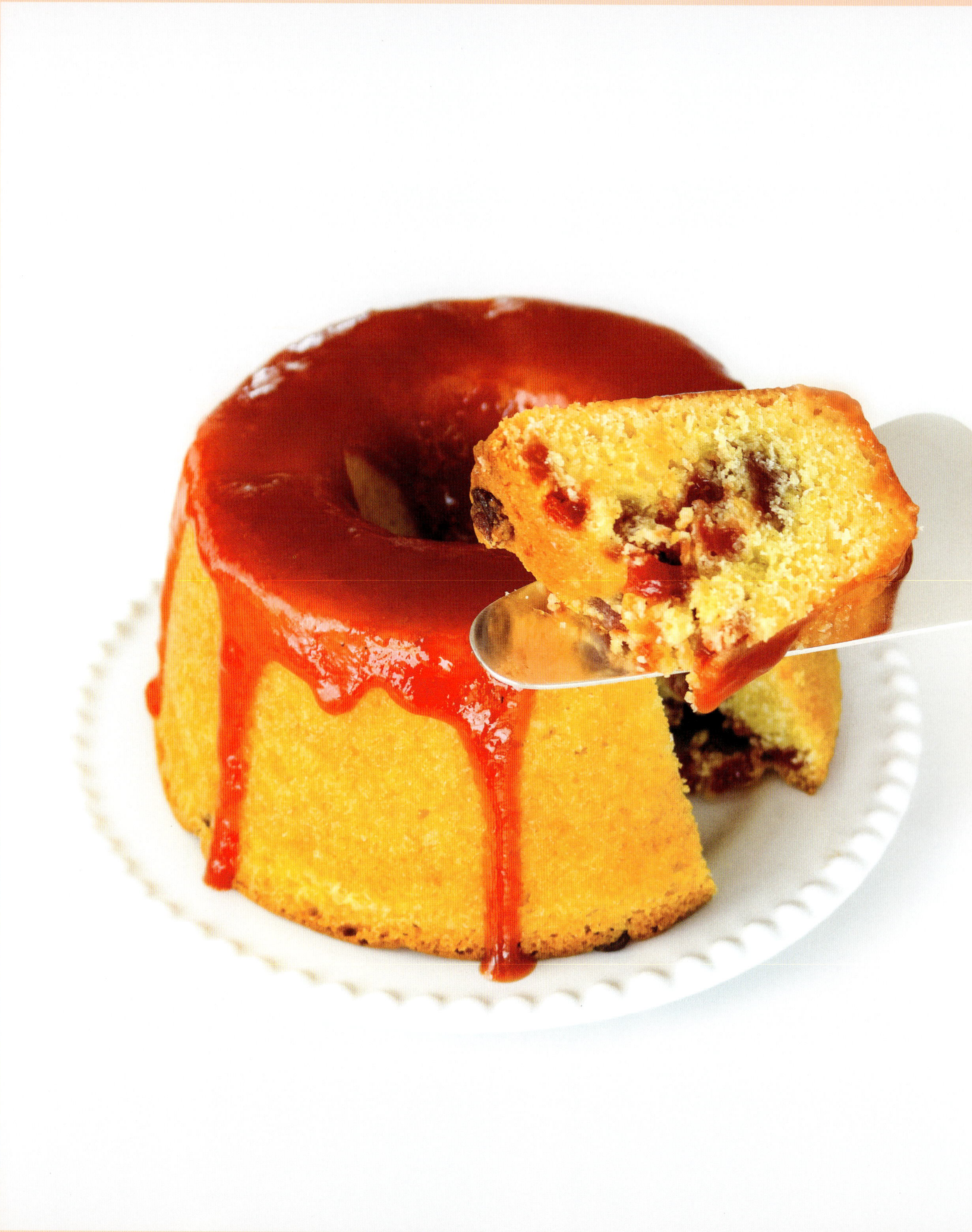

Bolo de fubá com goiabada

INGREDIENTES

180 G DE FARINHA DE TRIGO

15 G DE FERMENTO EM PÓ

15 G DE FARINHA DE TRIGO

100 G DE GOIABADA EM PEDACINHOS

1 OVO

200 G DE LEITE

85 G DE ÓLEO

200 G DE AÇÚCAR

120 G DE FUBÁ

150 G DE GOIABADA CREMOSA PARA A COBERTURA

1. Peneire a farinha com o fermento em uma tigela e reserve. Polvilhe os 15 g de farinha restantes sobre os cubinhos de goiabada e reserve.

2. Bata o ovo, o leite, o óleo, o açúcar e o fubá no liquidificador. Adicione à tigela com a farinha peneirada e misture com a ajuda de um fouet.

3. Despeje a mistura em uma fôrma redonda de canudo pequena, (aproximadamente 17 cm de diâmetro), untada e enfarinhada, e coloque os pedacinhos de goiabada.

4. Leve ao forno preaquecido a 180 °C por aproximadamente 40 minutos.

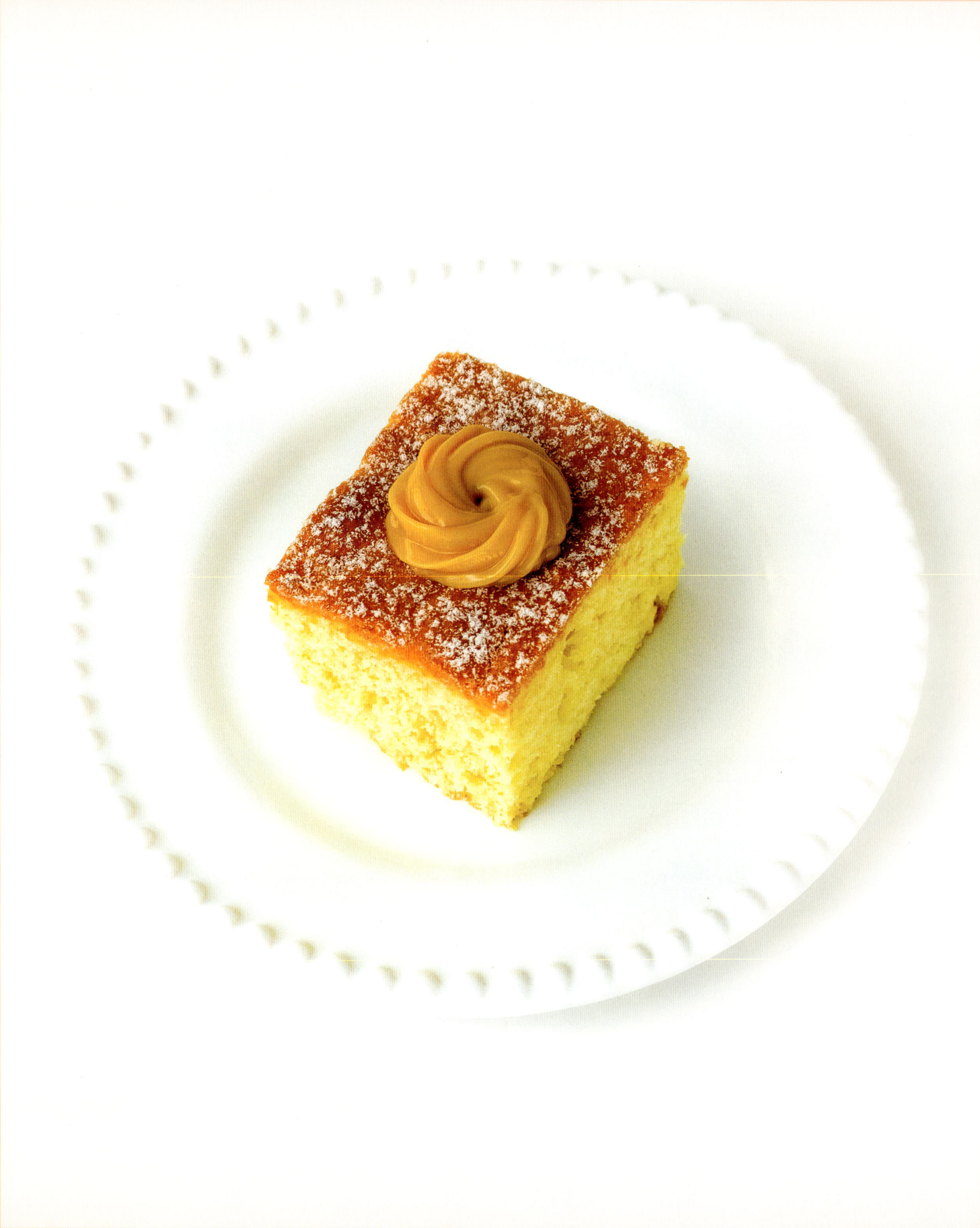

Bolo de coco

INGREDIENTES

150 G DE LEITE DE COCO

100 G DE COCO RALADO SECO

620 G DE FARINHA DE TRIGO

25 G DE FERMENTO EM PÓ

6 OVOS

250 G DE MANTEIGA SEM SAL EM TEMPERATURA AMBIENTE

400 G DE AÇÚCAR

200 G DE LEITE

50 G DE COCO RALADO SECO PARA POLVILHAR

250 G DE DOCE DE LEITE CREMOSO

1. Misture o leite de coco com o coco ralado e reserve, para que reidrate.
2. Peneire a farinha com o fermento e reserve.
3. Separe os ovos e bata as claras em neve. Reserve.
4. Na batedeira, bata as gemas, a manteiga e o açúcar até que a mistura fique fofa e clara.
5. Acrescente a mistura de farinha, alternando com o leite e com o coco hidratado, e mexa com a ajuda de um fouet até que fique homogêneo.
6. Acrescente as claras batidas em neve e misture delicadamente.
7. Leve para assar por aproximadamente 50 minutos em uma fôrma retangular de aproximadamente 30 × 20 cm, untada e enfarinhada, em forno preaquecido a 180 °C.
8. Decore com coco ralado e com doce de leite, confeitando com a ajuda de um saco de confeitar e de um bico pitanga médio.

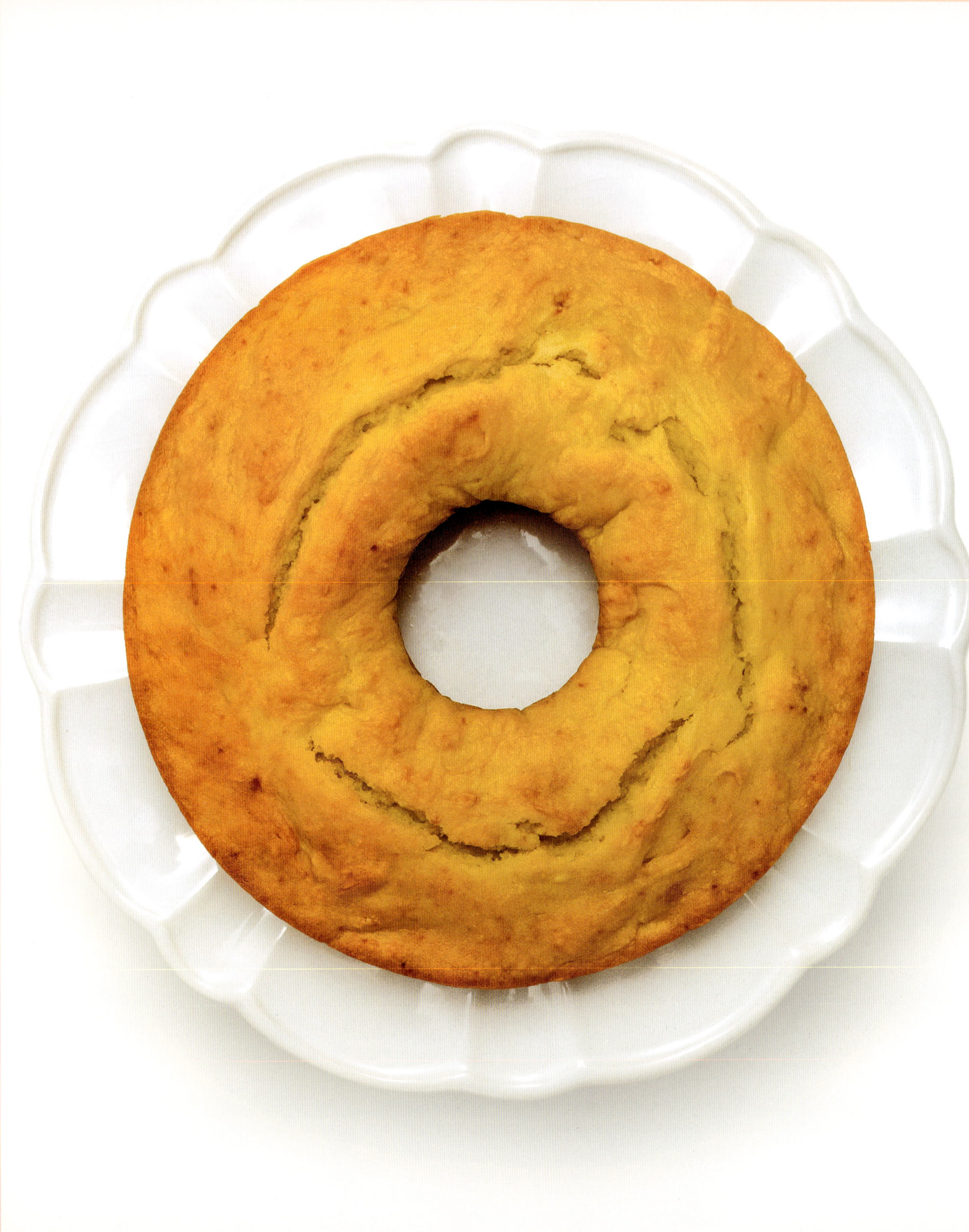

Bolo de batata-doce

INGREDIENTES

3 OVOS

200 G DE LEITE

400 G DE PURÊ DE BATATA-DOCE (3 BATATAS-DOCES DE TAMANHO MÉDIO, COZIDAS E ESPREMIDAS)

70 G DE MANTEIGA SEM SAL

300 G DE AÇÚCAR

320 G DE FARINHA DE TRIGO

15 G DE FERMENTO EM PÓ

1. Bata os ovos, o leite, a batata, a manteiga e o açúcar no liquidificador.
2. Em uma tigela, peneire a farinha com o fermento e acrescente a mistura do liquidificador. Mexa com a ajuda de um fouet até que fique homogêneo.
3. Despeje a massa em uma fôrma redonda de buraco no meio, com aproximadamente 24 cm de diâmetro, untada e enfarinhada. Leve ao forno preaquecido a 180 °C até que, espetando um palito, ele saia seco.

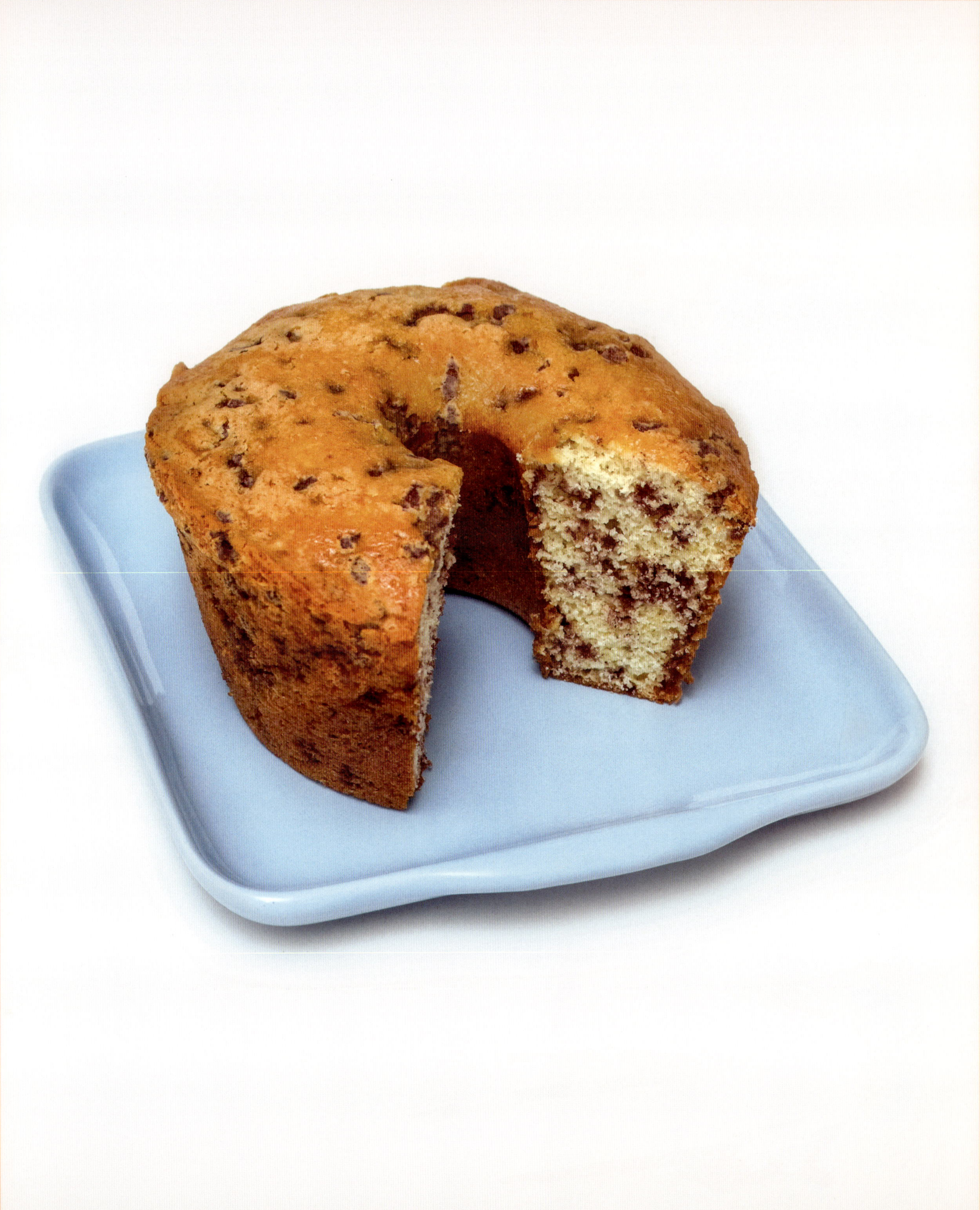

Bolo formigueiro

INGREDIENTES

320 G DE FARINHA DE TRIGO

10 G DE FERMENTO EM PÓ

3 OVOS

90 G DE ÓLEO DE MILHO, SOJA OU GIRASSOL

200 G DE LEITE INTEGRAL

400 G DE AÇÚCAR

50 G DE CHOCOLATE GRANULADO

1. Peneire a farinha de trigo com o fermento e reserve.
2. Bata no liquidificador os ovos, o óleo, o leite e o açúcar. Adicione à mistura de farinha com fermento e mexa com a ajuda de um fouet até ficar homogênea. Acrescente o chocolate granulado e misture levemente, apenas para distribuí-lo na massa.
3. Leve ao forno preaquecido a 180 °C em uma fôrma redonda de aproximadamente 22 cm de diâmetro, untada e enfarinhada.

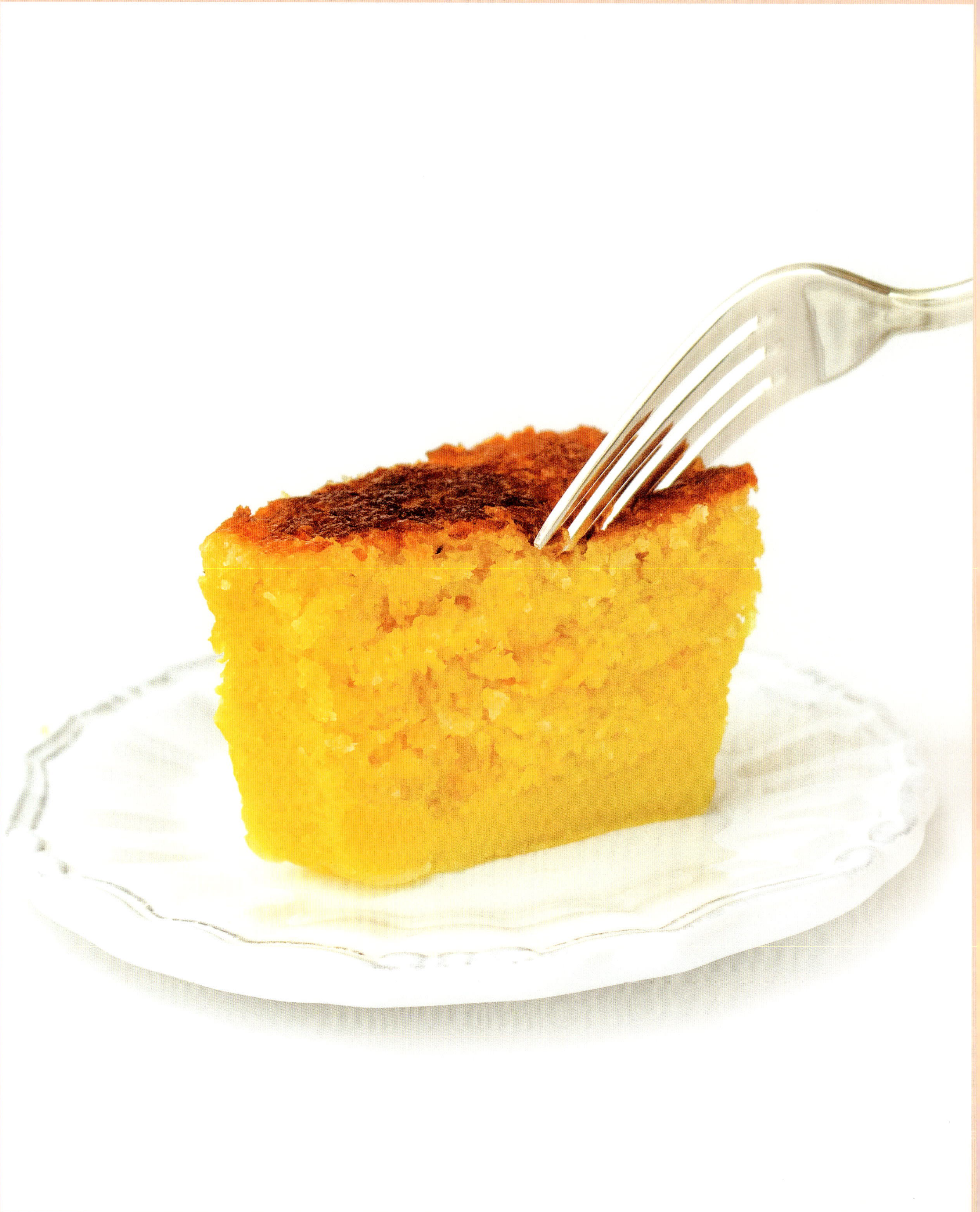

Bolo cremoso de milho com coco

Esta é uma das minhas receitas preferidas! O segredo está em utilizar espigas bem frescas.

Este bolo fica bastante cremoso, então é um pouco mais fácil cortá-lo se for feito em uma fôrma retangular, não sendo necessário desenformá-lo.

INGREDIENTES

500 G DE GRÃOS DE MILHO CRUS (5 ESPIGAS DE MILHO)

350 G DE AÇÚCAR

4 OVOS

170 G DE ÓLEO VEGETAL

15 G DE FERMENTO EM PÓ

50 G DE COCO RALADO

200 G DE LEITE

1. Bata os grãos de milho com os demais ingredientes no liquidificador. A massa não deve ficar totalmente lisa, pois a textura dos grãozinhos de milho fica interessante no bolo pronto.

2. Unte uma assadeira retangular de aproximadamente 25 × 35 cm de lado e polvilhe com açúcar.

3. Coloque a mistura do liquidificador na assadeira e leve ao forno preaquecido a 180 °C por aproximadamente 50 minutos ou até que, espetando um palito, ele saia seco.

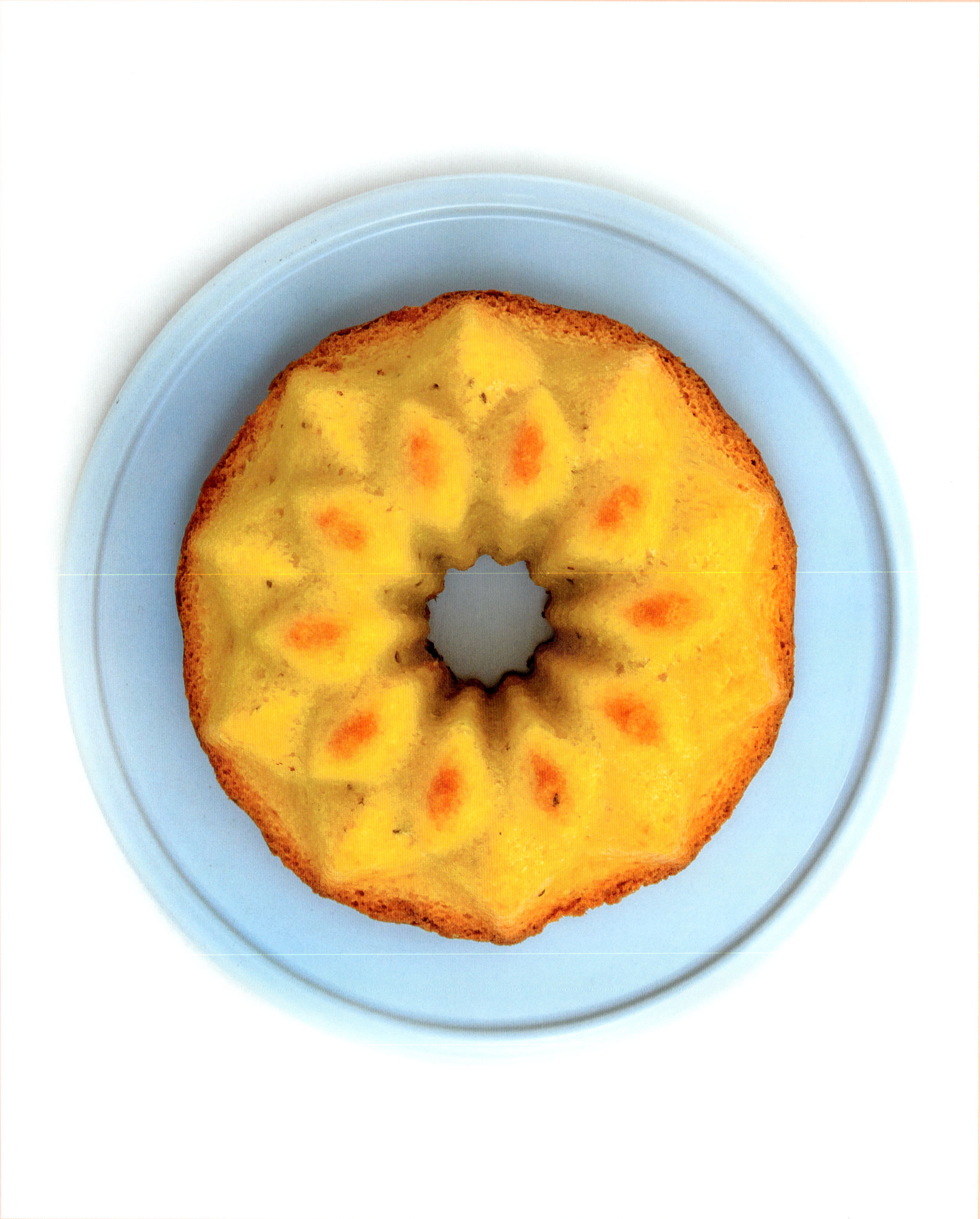

Bolo simples de fubá

INGREDIENTES

160 G DE FARINHA DE TRIGO

10 G DE FERMENTO EM PÓ

250 G DE FUBÁ

2 PITADAS DE SEMENTES DE ERVA-DOCE

300 G DE AÇÚCAR

170 G DE ÓLEO VEGETAL

6 OVOS

100 G DE LEITE

1. Misture a farinha de trigo, o fermento, o fubá e as sementes de erva-doce com a ajuda de um fouet.
2. No liquidificador, bata o açúcar, o óleo, os ovos e o leite.
3. Junte as duas misturas, mexendo com a ajuda de um fouet.
4. Leve para assar em uma fôrma redonda de canudo no centro, com cerca de 22 cm de diâmetro, no forno preaquecido a 180 °C, por aproximadamente 35 minutos.

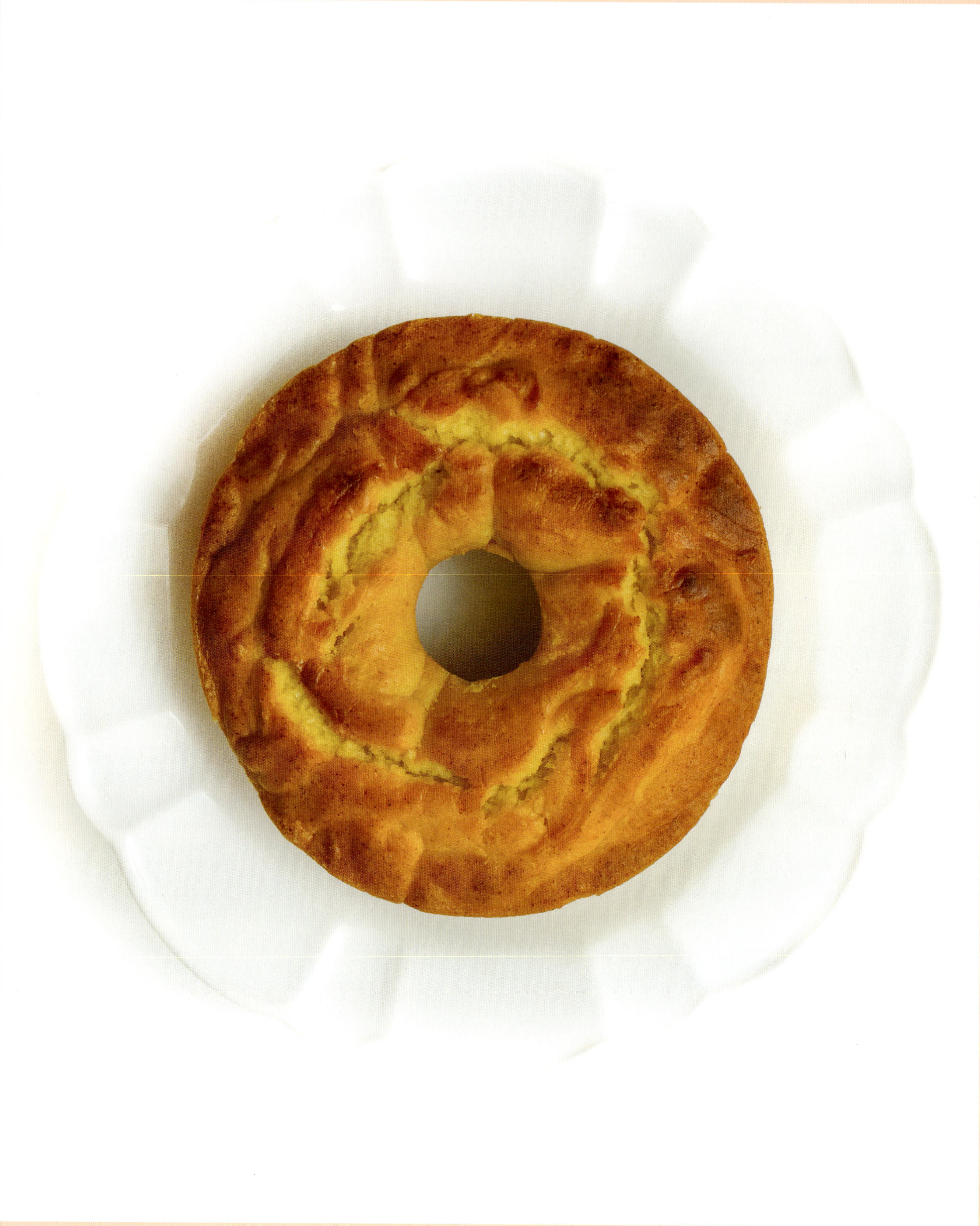

Bolo de maracujá

INGREDIENTES

260 G DE FARINHA DE TRIGO

20 G DE AMIDO DE MILHO

5 G DE FERMENTO EM PÓ

2 OVOS

150 G DE ÓLEO DE MILHO, GIRASSOL OU SOJA

160 G DE AÇÚCAR

80 G DE SUCO DE MARACUJÁ CONCENTRADO (SEM AÇÚCAR)

1. Peneire a farinha, o amido e o fermento e reserve.
2. No liquidificador, bata os ovos, o óleo, o açúcar e o suco de maracujá até obter uma mistura homogênea.
3. Despeje-a na farinha peneirada e misture com a ajuda de um fouet.
4. Coloque a massa em uma fôrma retangular de bolo inglês, forrada de papel-manteiga untado.
5. Leve ao forno preaquecido a 180 °C e asse por aproximadamente 35 minutos ou até que, espetando um palito no centro, ele saia seco.
6. Espere esfriar e desenforme. Retire o papel cuidadosamente.

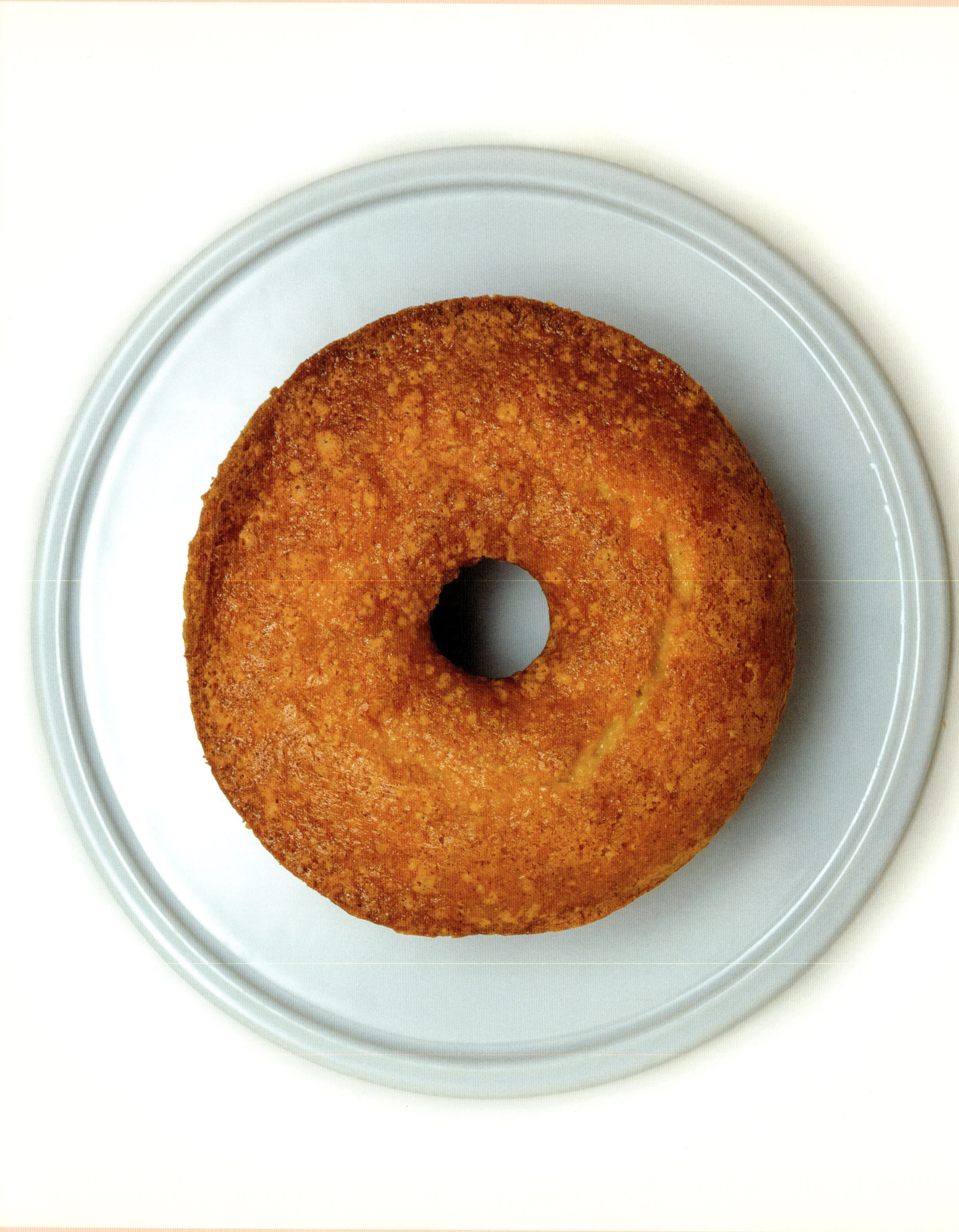

Bolo de laranja com casca

INGREDIENTES

1 LARANJA-PERA MADURA, COM CASCA E SEM SEMENTES

3 OVOS

300 G DE AÇÚCAR

180 G DE ÓLEO DE MILHO, SOJA OU GIRASSOL

320 G DE FARINHA DE TRIGO

15 G DE FERMENTO EM PÓ

1. Bata no liquidificador a laranja em pedaços, os ovos, o açúcar e o óleo até obter uma mistura homogênea.

2. Peneire a farinha com o fermento e acrescente a mistura de laranja, mexendo com a ajuda de um fouet.

3. Coloque para assar em uma fôrma de buraco no centro, de 22 a 24 cm de diâmetro, untada com óleo e enfarinhada.

4. Leve ao forno preaquecido a 180 °C e asse por aproximadamente 40 minutos, até que fique dourado e, espetando um palito, ele saia seco.

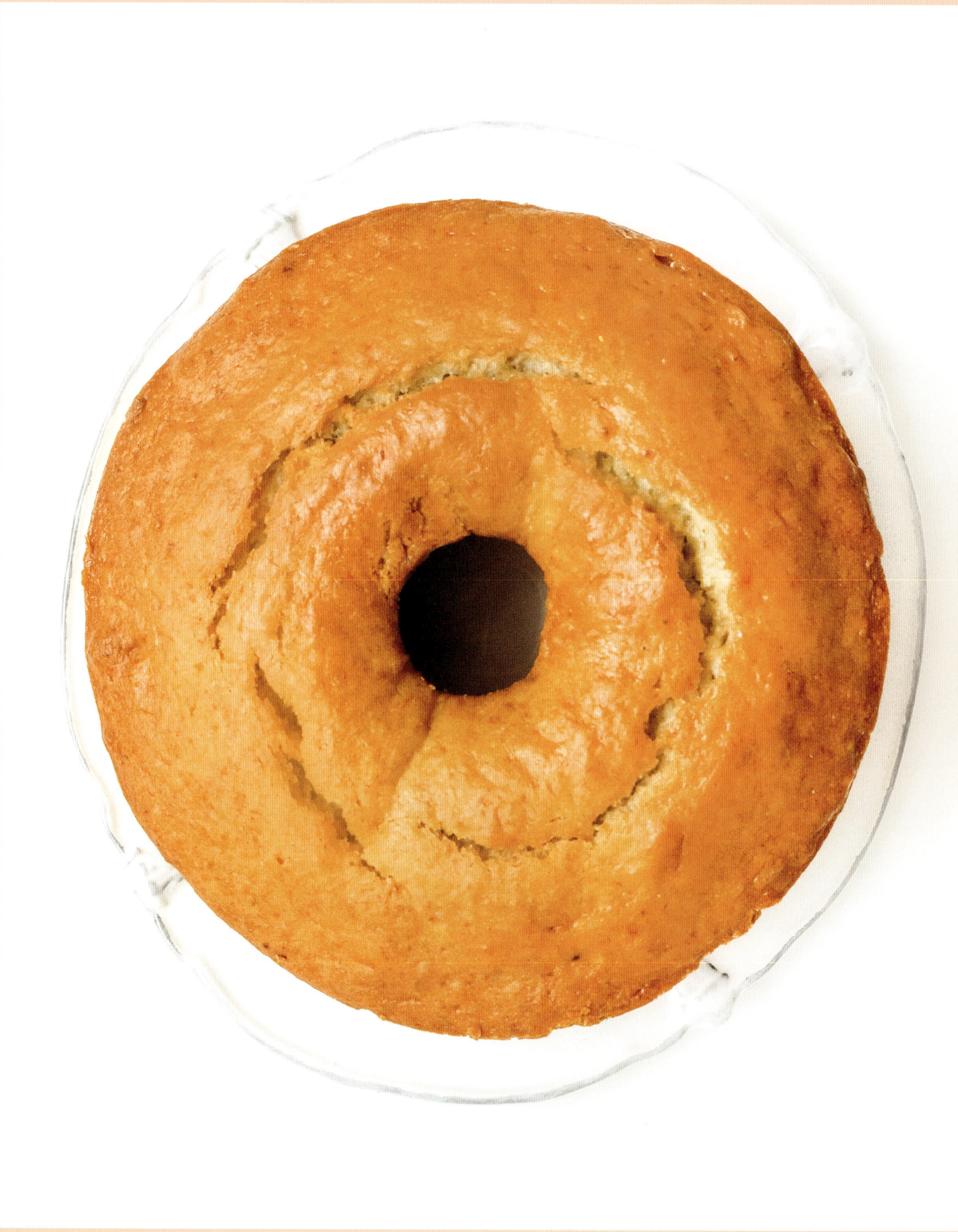

Bolo de banana

INGREDIENTES

320 G DE FARINHA DE TRIGO

130 G DE AMIDO DE MILHO

10 G DE FERMENTO EM PÓ

100 G DE LEITE

170 G DE ÓLEO

200 G DE AÇÚCAR

3 OVOS

2 BANANAS NANICAS MADURAS

1. Peneire a farinha, o amido de milho e o fermento e reserve.
2. Bata os demais ingredientes no liquidificador e, com a ajuda de um fouet, misture-os à farinha.
3. Leve para assar em uma fôrma redonda de buraco no meio de aproximadamente 22 cm de diâmetro.
4. Asse em forno preaquecido a 180 °C por 35 minutos, ou até que o bolo esteja assado. Se desejar, polvilhe açúcar de confeiteiro.

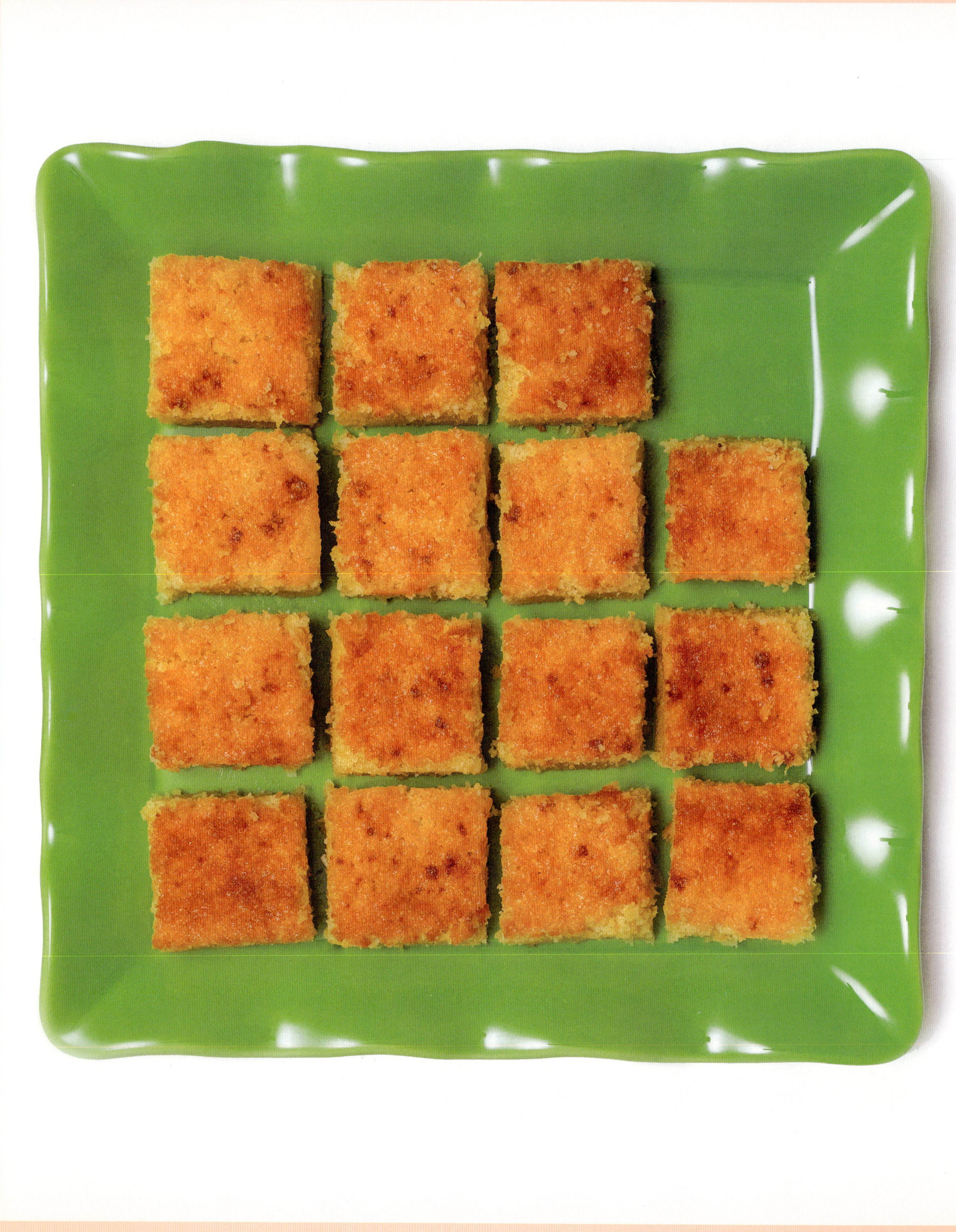

Bolo cremoso de milho e queijo

Eu gosto tanto de bolo de milho cremoso, que optei por incluir duas receitas. Esta é bem mais prática, e tem o toque do queijo, perfeito para quando bater a vontade de bolo de milho e você não encontrar espigas fresquinhas. Ele fica com a consistência cremosa, quase um pudim!

INGREDIENTES

1 LATA DE MILHO VERDE EM CONSERVA ESCORRIDA

300 G DE LEITE

3 OVOS

360 G DE AÇÚCAR

160 G DE FARINHA DE TRIGO

50 G DE MANTEIGA SEM SAL

50 G DE QUEIJO PARMESÃO RALADO

15 G DE FERMENTO EM PÓ

1. Bata todos os ingredientes no liquidificador, com exceção do fermento, até obter uma mistura homogênea. Acrescente o fermento e misture com um fouet.
2. Coloque em uma assadeira retangular pequena, untada e enfarinhada, e leve ao forno preaquecido a 180 °C até que o bolo fique dourado.

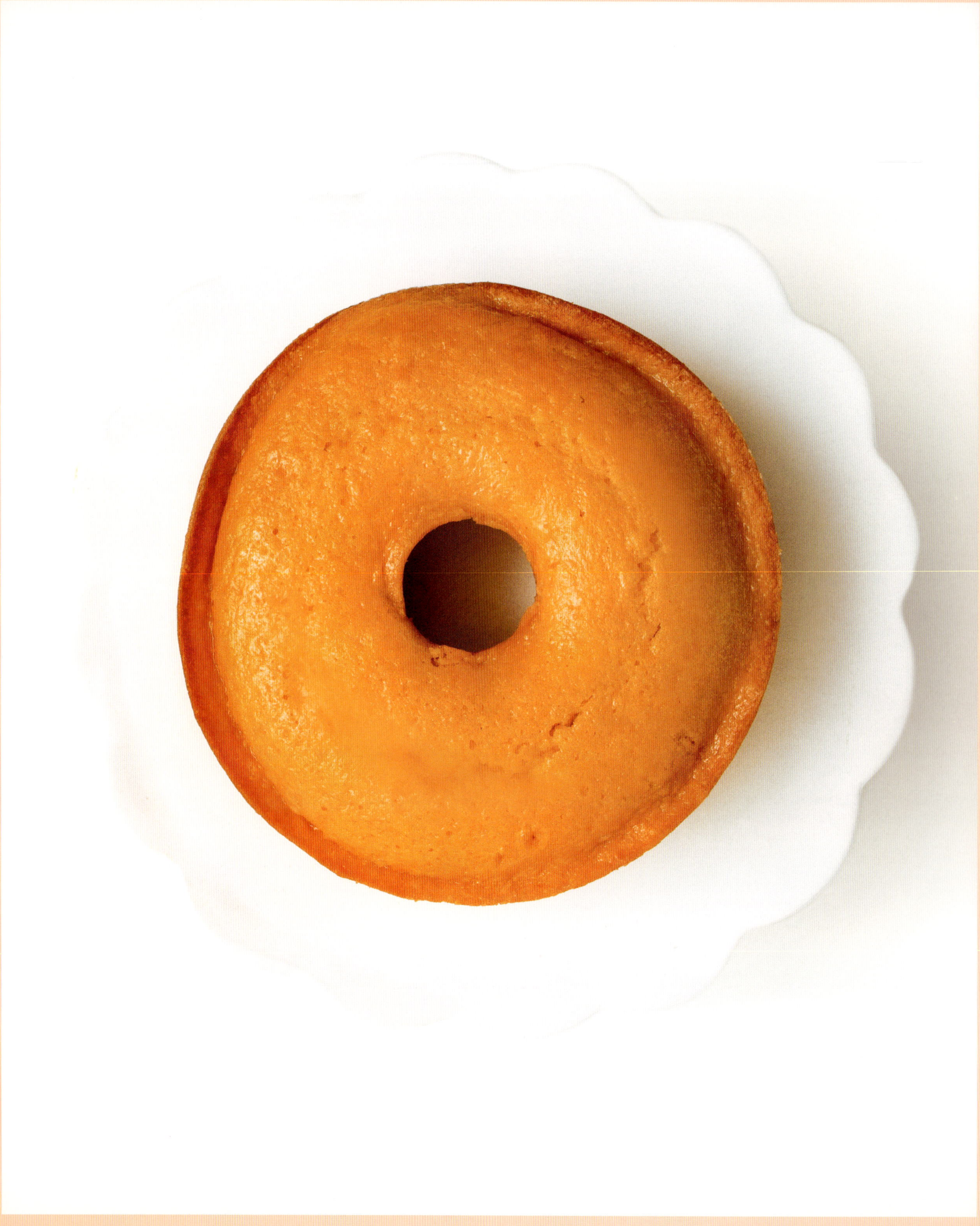

Bolo de abóbora com coco

INGREDIENTES

1 KG DE ABÓBORA MADURA SEM CASCA

170 G DE ÓLEO

4 OVOS

500 G DE AÇÚCAR

200 G DE LEITE DE COCO

100 G DE COCO RALADO

350 G DE FARINHA DE TRIGO

15 G DE FERMENTO EM PÓ

150 G DE AMIDO DE MILHO

1. Cozinhe a abóbora em água abundante até ficar bem macia. Escorra e amasse formando um purê.
2. Coloque-o no liquidificador com o óleo, os ovos e o açúcar e bata bem.
3. Hidrate o coco no leite de coco e reserve.
4. Peneire a farinha com fermento e amido de milho. Acrescente a mistura do liquidificador, o coco hidratado e mexa com a ajuda de um fouet.
5. Coloque em uma fôrma redonda de buraco no meio com aproximadamente 26 cm de diâmetro, untada e enfarinhada, e leve ao forno preaquecido a 180 °C até que, espetando um palito, ele saia seco.

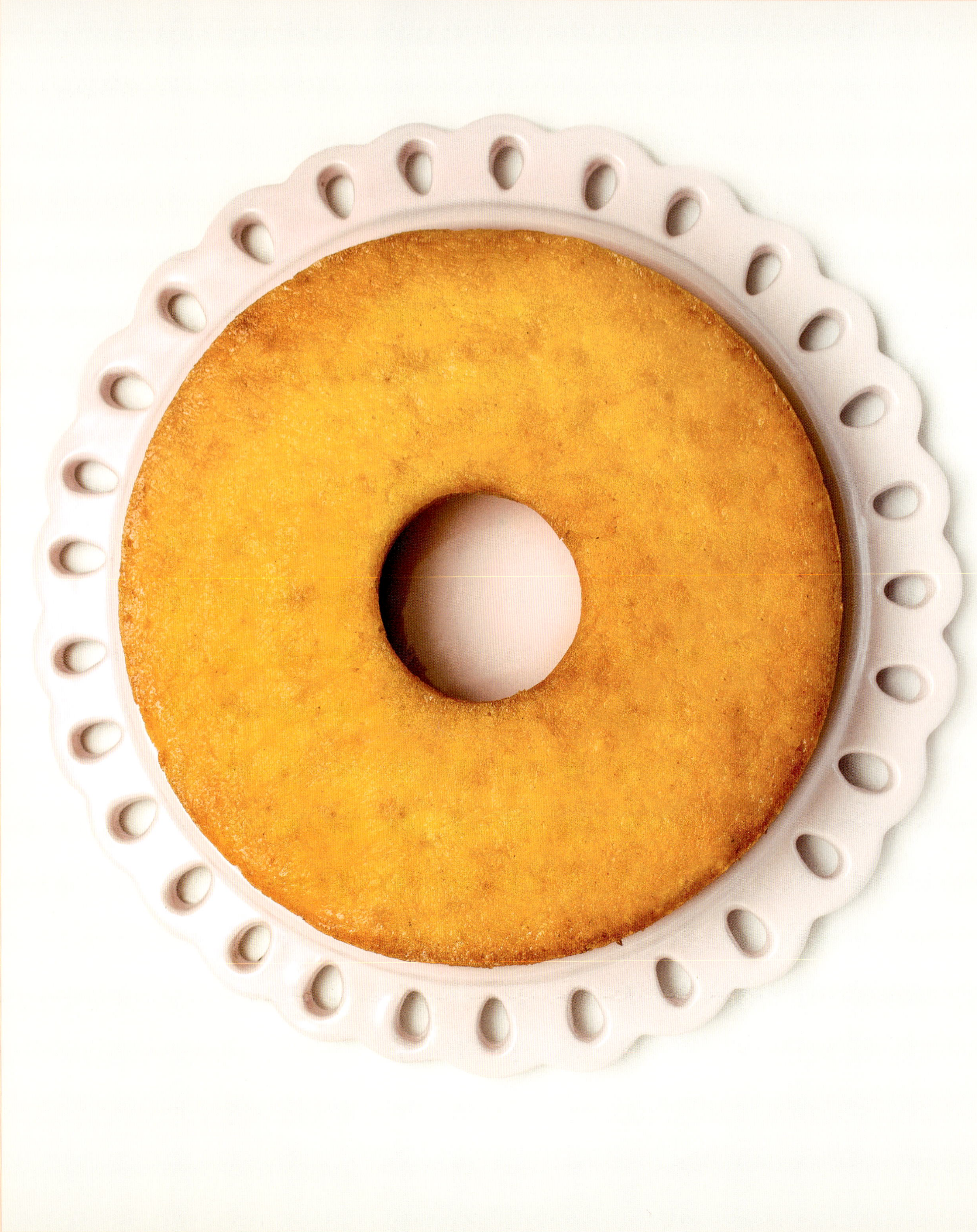

Bolo de fubá de massa cozida

Receita tradicional da fazenda, em que o fubá é cozido até formar um "angu". Depois de frio, acrescentam-se os ovos, e a receita é finalizada.

Esta receita rende um bolo bem grande, com aproximadamente 20 fatias.

INGREDIENTES

600 G DE LEITE

600 G DE AÇÚCAR

2 G DE SAL

390 G DE FUBÁ

85 G DE ÓLEO

10 G DE SEMENTES DE ERVA-DOCE

5 OVOS

50 G DE QUEIJO PARMESÃO

15 G DE FERMENTO EM PÓ

1. Misture o leite, o açúcar, o sal, o fubá, o óleo e a erva-doce e leve ao fogo, cozinhando e mexendo até a mistura se desprender da lateral da panela.

2. Deixe esfriar e acrescente as gemas e o queijo. Mexa bem. Misture o fermento em pó.

3. Bata as claras em neve e misture-as delicadamente ao creme, com movimentos de baixo para cima.

4. Despeje em uma fôrma de buraco no centro, untada e enfarinhada, grande (27 cm de diâmetro) e asse em forno preaquecido a 180 °C por aproximadamente 50 minutos.

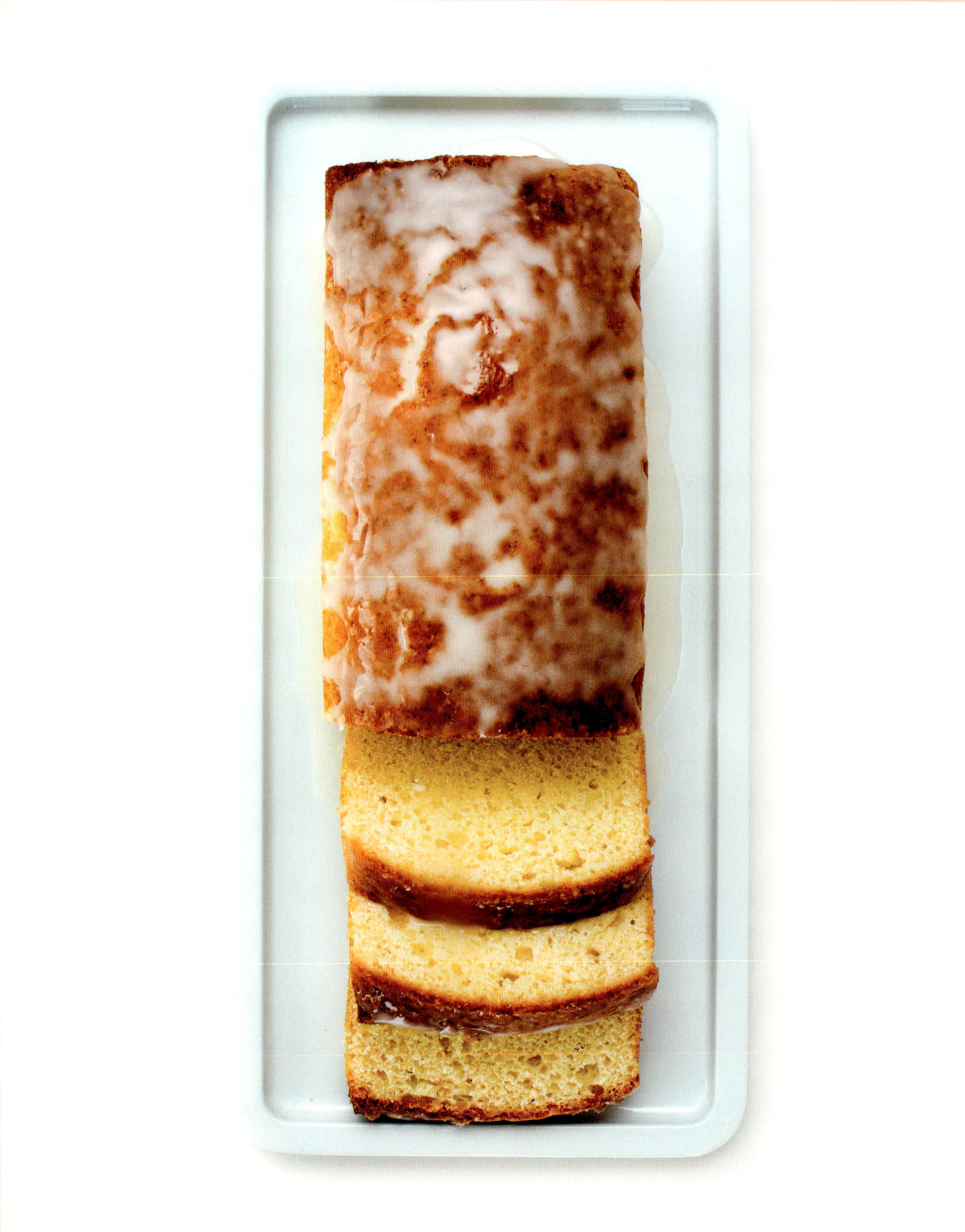

Bolo simples de limão-siciliano

Gosto tanto de limão-siciliano que não consegui escolher apenas uma das minhas receitas preferidas com esse ingrediente para este livro. Aqui, um bolo simples, perfeito para acompanhar um chá.

INGREDIENTES

120 G DE CREME DE LEITE

3 LIMÕES-SICILIANOS

260 G DE FARINHA DE TRIGO

10 G DE FERMENTO EM PÓ

200 G DE AÇÚCAR

4 OVOS

140 G DE ÓLEO DE GIRASSOL

CALDA DE LIMÃO-SICILIANO

1 LIMÃO-SICILIANO

60 G DE AÇÚCAR DE CONFEITEIRO.

1. Misture o creme de leite com o suco de meio limão-siciliano para azedá-lo.
2. Tire as raspas e o suco de dois limões e reserve.
3. Peneire a farinha com o fermento, adicione o açúcar e reserve.
4. Bata os ovos com o creme de leite azedo, junte o óleo e acrescente as raspas com a ajuda de um fouet, e una as duas misturas.
5. Coloque em uma fôrma redonda de aproximadamente 20 cm de diâmetro e leve ao forno preaquecido a 180 °C até que esteja dourado e assado.
6. Retire do forno e despeje a calda de limão.

CALDA DE LIMÃO-SICILIANO

Misture os ingredientes e pincele o bolo ainda quente.

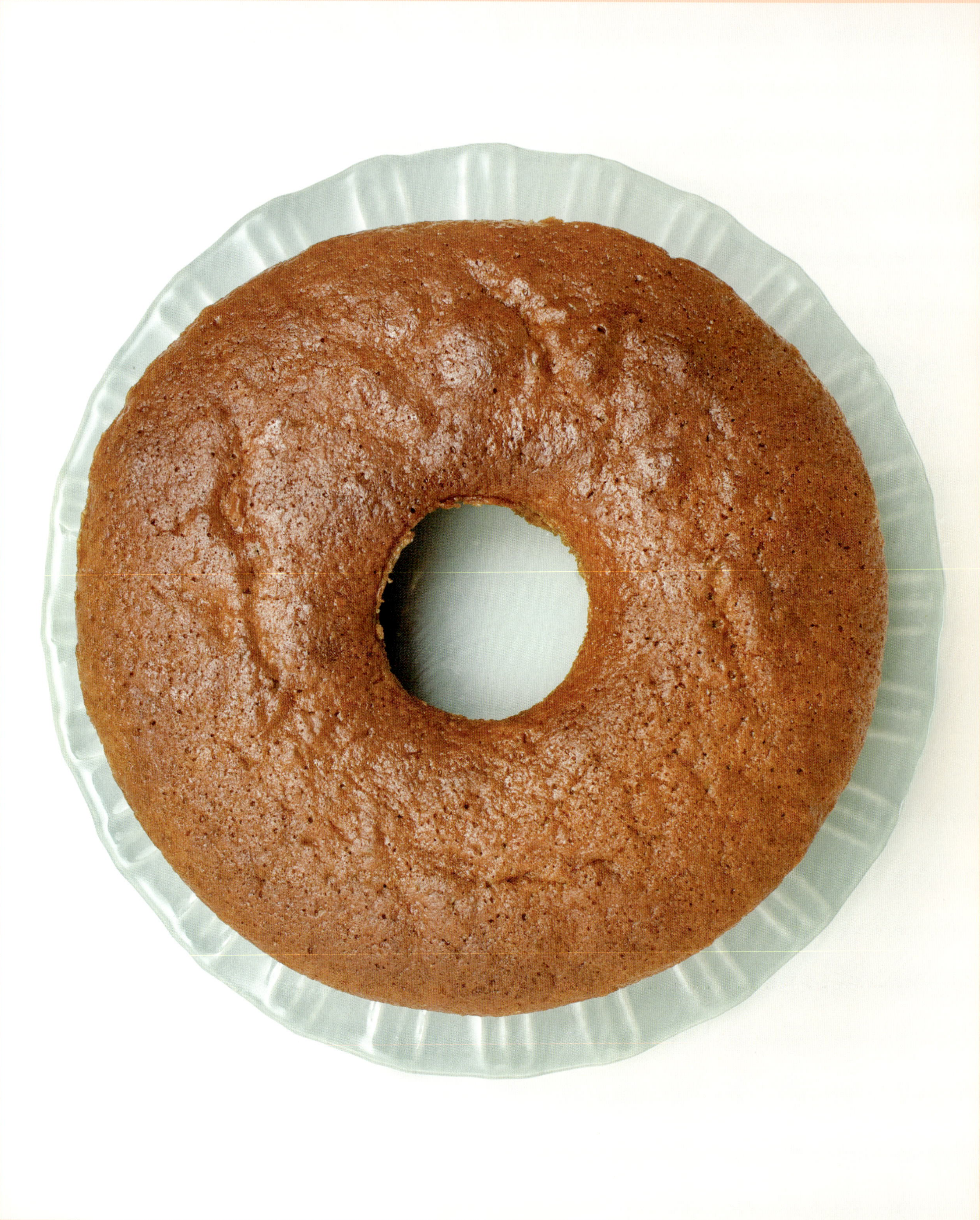

Bolo de melado

INGREDIENTES

200 G DE AÇÚCAR

360 G DE FARINHA DE TRIGO

85 G DE ÓLEO

6 OVOS

150 G DE MELADO

5 G DE EXTRATO DE BAUNILHA

50 G DE ÁGUA

15 G DE FERMENTO EM PÓ

1. Separe 50 g do açúcar da receita e reserve.
2. Em uma tigela ou batedeira, coloque o açúcar restante, a farinha, o óleo, as gemas, o melado, a baunilha e a água, e bata até ficar homogêneo. Acrescente o fermento e misture.
3. Bata as claras em neve e acrescente o açúcar reservado. Bata novamente até que fique firme.
4. Misture as claras batidas delicadamente à massa de melado, com movimentos circulares de baixo para cima.
5. Despeje a massa em uma fôrma redonda de canudo no centro, untada e enfarinhada. Leve ao forno preaquecido a 180 °C por aproximadamente 50 minutos.

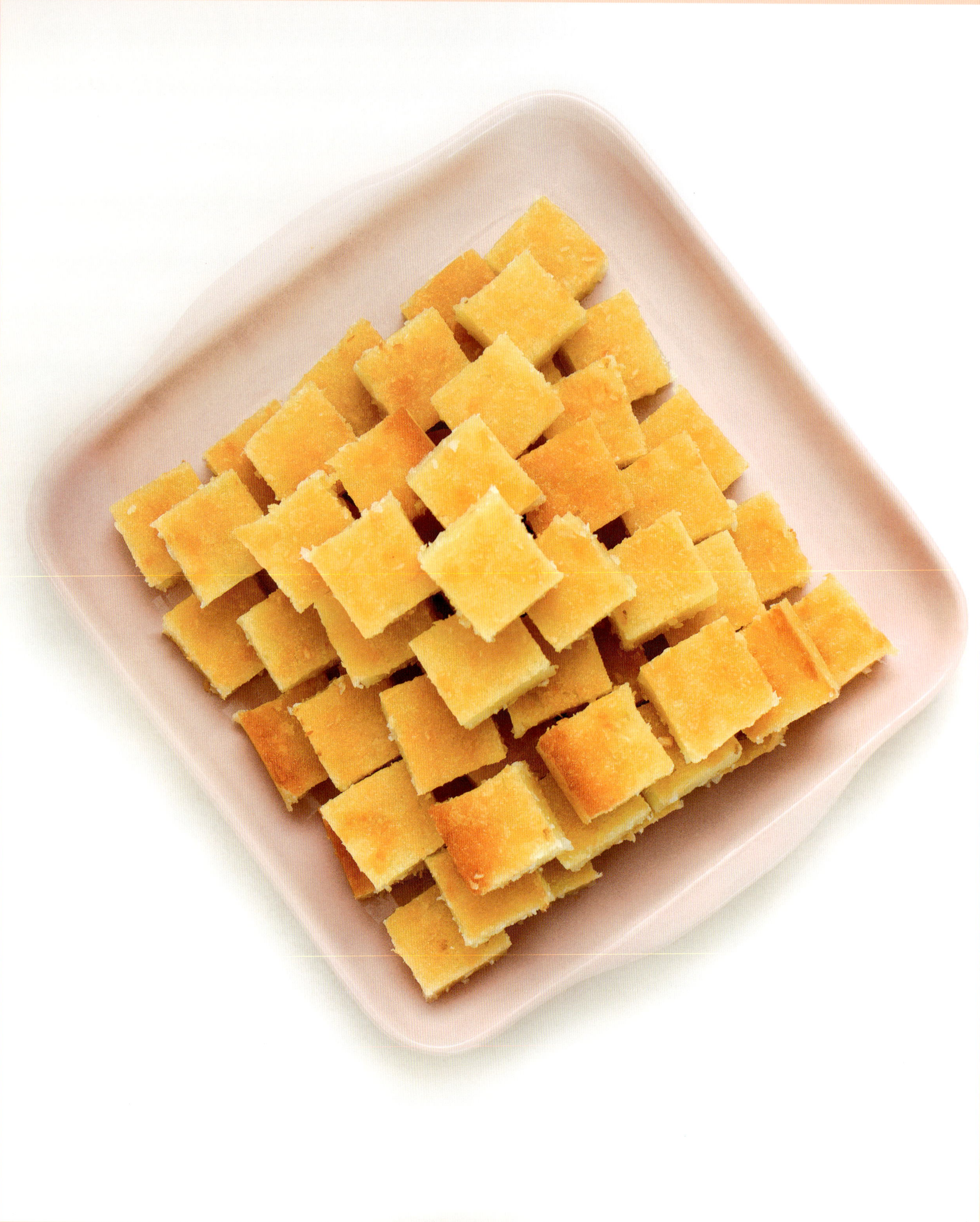

Bolo de aipim

INGREDIENTES

100 G DE COCO SECO RALADO

180 G DE LEITE DE COCO

1 KG DE AIPIM DESCASCADO

400 G DE AÇÚCAR

50 G DE QUEIJO PARMESÃO RALADO

200 G DE ÁGUA

200 G DE LEITE

20 G DE MANTEIGA

3 OVOS

1. Misture o coco seco e o leite de coco e deixe hidratar.
2. Rale o aipim e esprema com um pano para retirar o excesso de líquido. Reserve.
3. Bata os demais ingredientes no liquidificador.
4. Transfira para uma tigela, junte o aipim espremido, o coco hidratado e misture bem.
5. Leve para assar em uma fôrma retangular, untada e enfarinhada, por aproximadamente 1 hora a 180 °C.
6. Corte em quadrados e sirva.

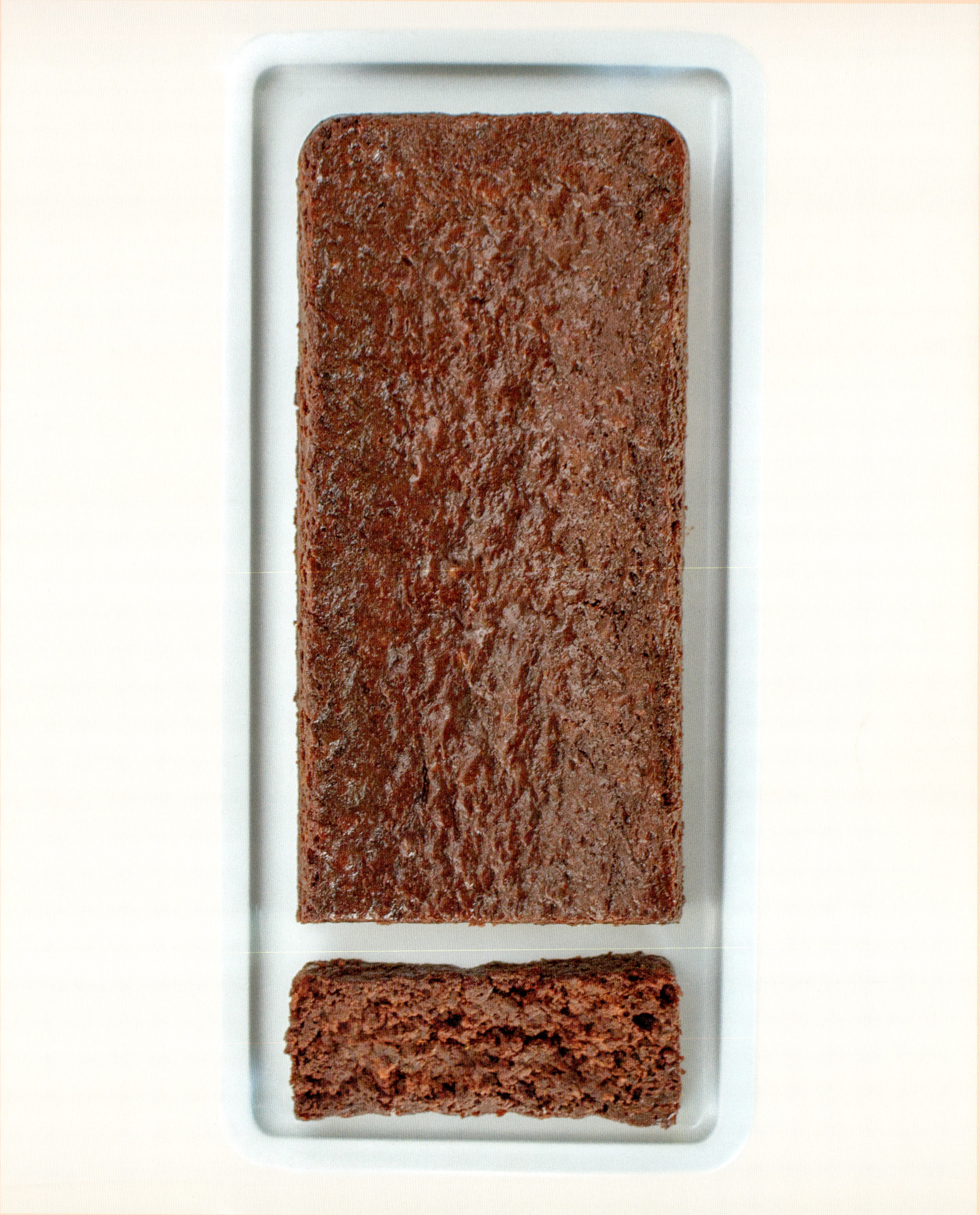

Bolo de ameixa-preta

INGREDIENTES

3 OVOS

300 G DE AÇÚCAR

50 G DE MANTEIGA SEM SAL EM TEMPERATURA AMBIENTE

200 G DE LEITE

40 G DE CACAU EM PÓ

200 G DE AMEIXA-PRETA SEM CAROÇO

160 G DE FARINHA DE TRIGO

15 G DE FERMENTO EM PÓ

1. Bata os ovos, o açúcar, a manteiga, o leite e o cacau no liquidificador até obter uma mistura homogênea. Junte as ameixas e bata levemente.
2. Peneire a farinha com o fermento e adicione a mistura do liquidificador, mexendo com a ajuda de um fouet.
3. Despeje em uma fôrma pequena de buraco no meio, untada e enfarinhada, e leve ao forno preaquecido a 170 °C até que, espetando um palito, ele saia seco.

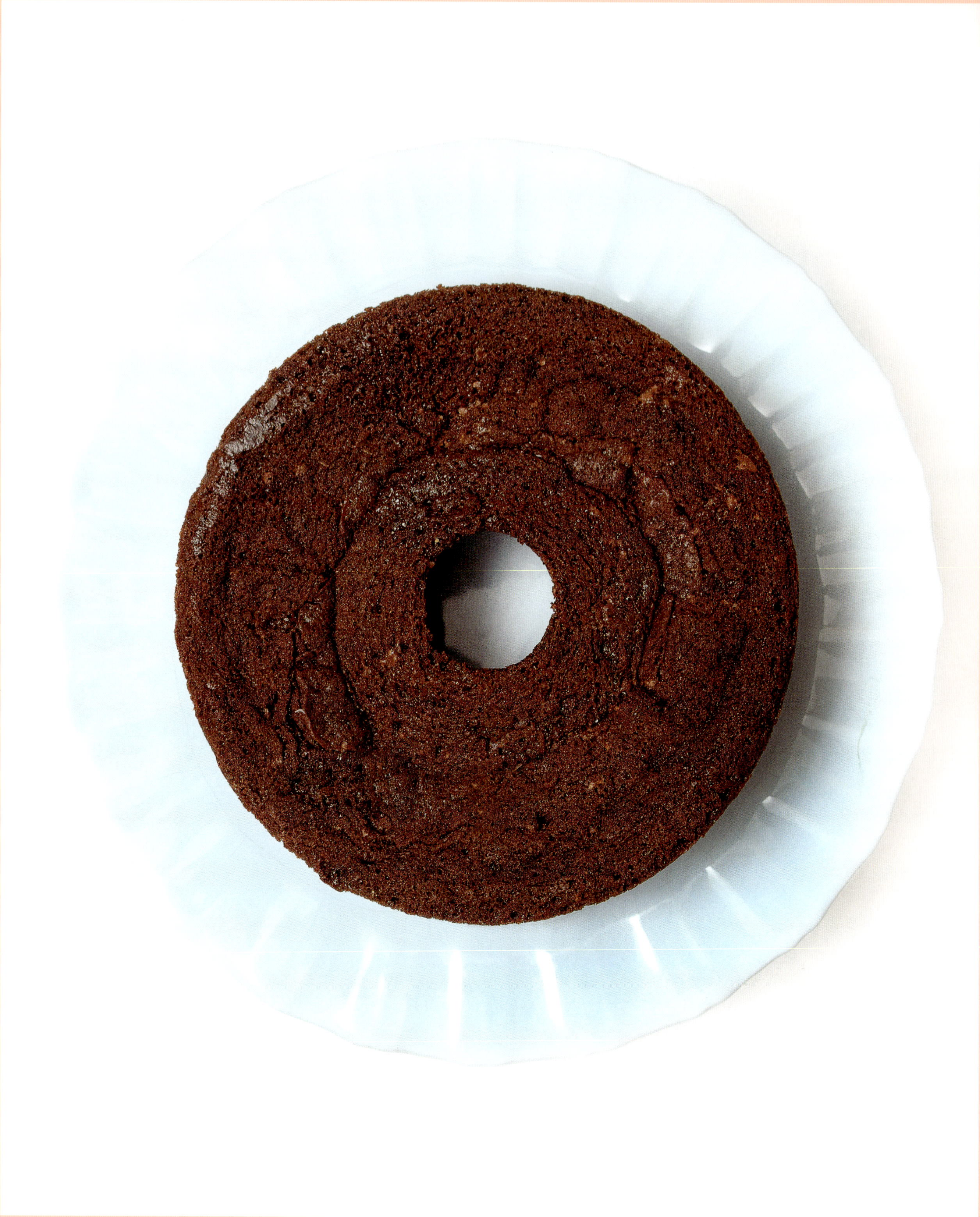

Bolo amanteigado de chocolate

INGREDIENTES

150 G DE CREME DE LEITE

10 G DE VINAGRE BRANCO

160 G DE FARINHA DE TRIGO

5 G DE FERMENTO EM PÓ

2,5 G DE BICARBONATO DE SÓDIO

40 G DE CACAU EM PÓ

2 OVOS

200 G DE MANTEIGA SEM SAL EM TEMPERATURA AMBIENTE

200 G DE AÇÚCAR

5 G DE BAUNILHA

1. Misture o vinagre ao creme de leite para azedá-lo e reserve.
2. Peneire a farinha com o fermento, o bicarbonato e o cacau. Reserve.
3. Bata os ovos com o açúcar e a baunilha, em seguida misture ao creme de leite azedo e adicione à mistura de farinha, alternando com a manteiga. Bata até ficar homogêneo.
4. Leve ao forno preaquecido a 180 °C em uma fôrma redonda, untada e enfarinhada, de aproximadamente 20 cm de diâmetro por cerca de 35 minutos.

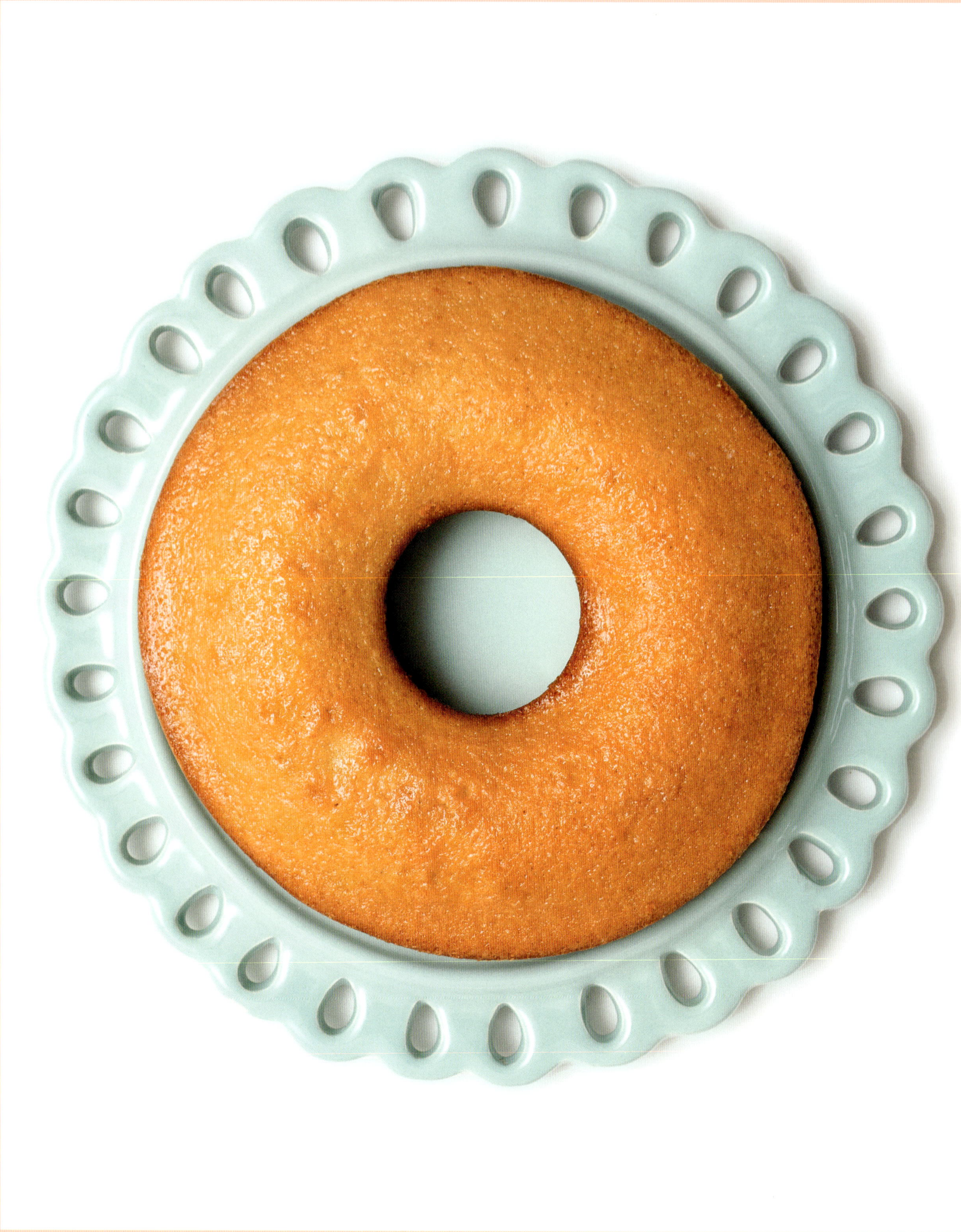

Bolo chiffon de baunilha

INGREDIENTES

180 G DE FARINHA DE TRIGO

5 G DE FERMENTO EM PÓ

250 G DE AÇÚCAR

1 PITADA DE SAL

120 G DE ÁGUA

75 G DE ÓLEO

5 GEMAS

10 G DE EXTRATO DE BAUNILHA

5 CLARAS

1. Peneire a farinha, o fermento, o açúcar e o sal. Reserve.
2. Misture a água, o óleo, as gemas e a baunilha.
3. Faça uma depressão na mistura de farinha e acrescente os líquidos aos poucos, incorporando com a ajuda de um fouet até obter uma massa lisa e brilhante.
4. Separadamente, bata as claras em neve firme. Misture-as delicadamente à massa.
5. Despeje em uma fôrma redonda de buraco no meio com aproximadamente 25 cm de diâmetro, untada e polvilhada com farinha. Leve ao forno preaquecido a 180 °C e asse por aproximadamente 1 hora.

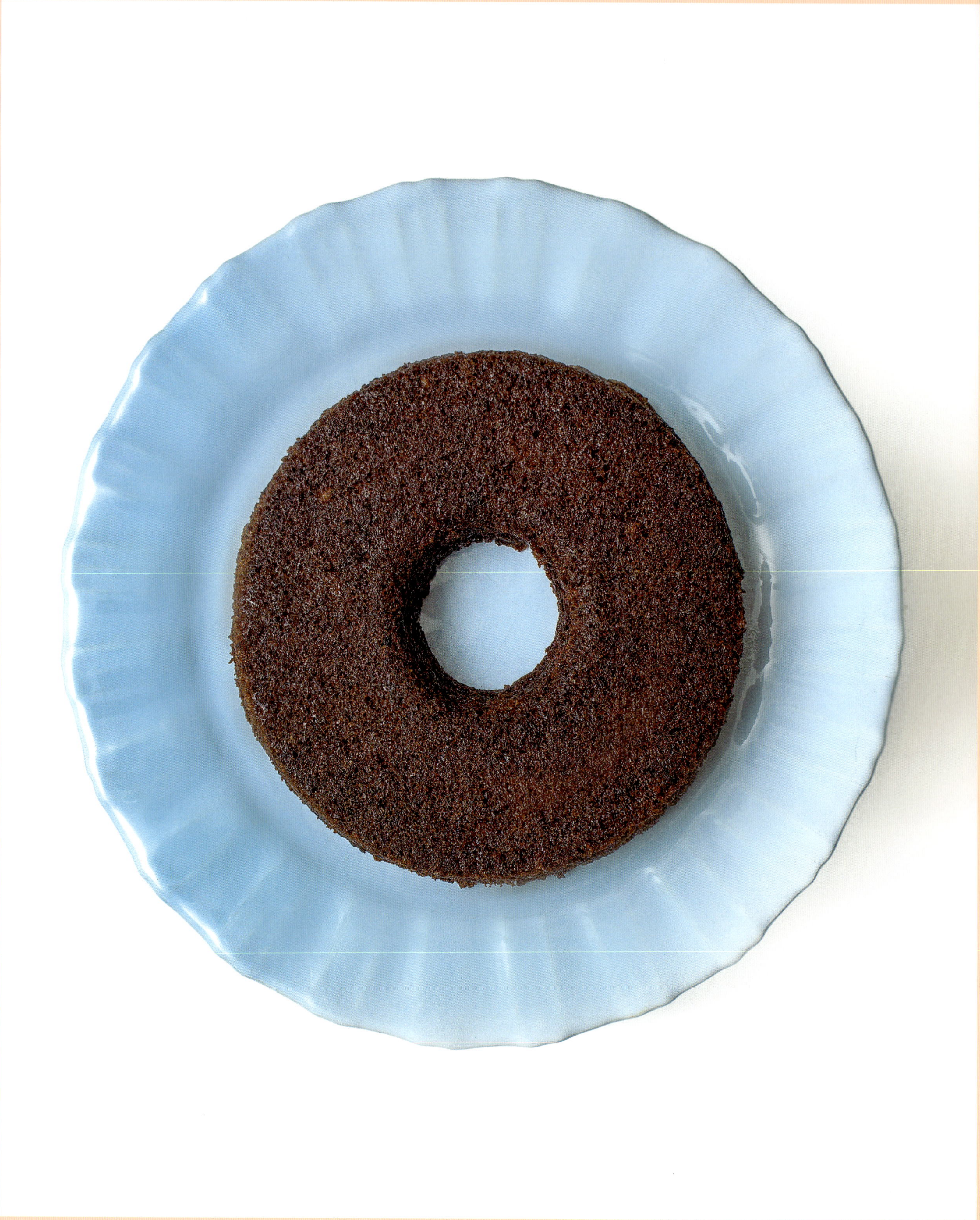

Bolo chiffon de chocolate

INGREDIENTES

180 G DE FARINHA DE TRIGO

5 G DE FERMENTO EM PÓ

250 G DE AÇÚCAR

1 PITADA DE SAL

120 G DE ÁGUA

75 G DE ÓLEO

5 GEMAS

10 G DE EXTRATO DE BAUNILHA

85 G DE CHOCOLATE MEIO AMARGO, DERRETIDO

5 CLARAS

1. Peneire a farinha, o fermento, o açúcar e o sal. Reserve.
2. Misture a água, o óleo, as gemas e a baunilha.
3. Faça uma depressão na mistura de farinha e acrescente a mistura de líquidos aos poucos, mexendo com a ajuda de um fouet até obter uma massa lisa e brilhante. Acrescente o chocolate derretido.
4. Separadamente, bata as claras em neve firme. Incorpore-as delicadamente à massa.
5. Coloque a massa em uma fôrma redonda de buraco no meio com aproximadamente 25 cm de diâmetro, untada e polvilhada com farinha. Leve ao forno preaquecido a 180 °C e asse por aproximadamente 1 hora.

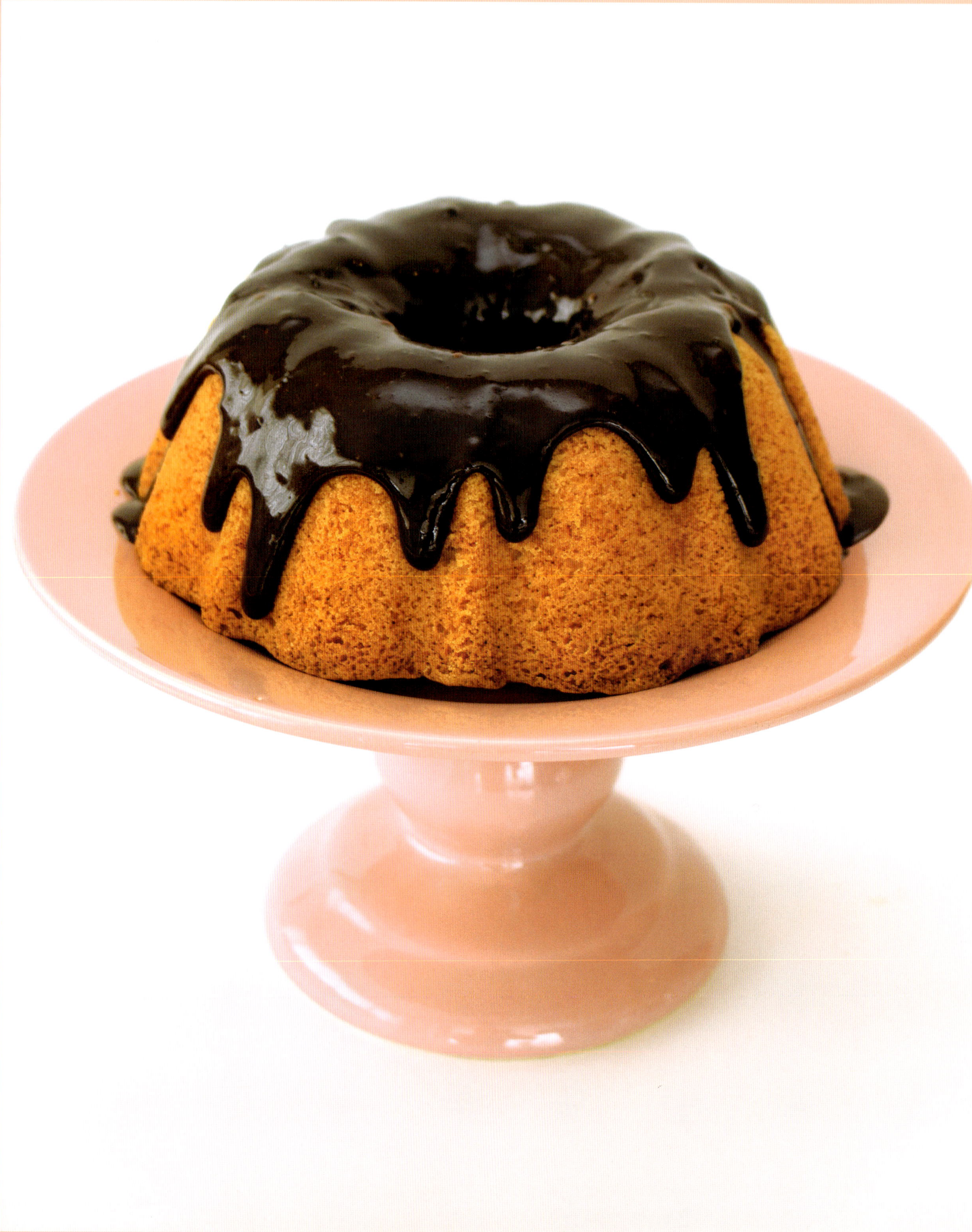

Bolo simples de cenoura

INGREDIENTES

480 G DE FARINHA DE TRIGO

15 G DE FERMENTO EM PÓ

400 G DE AÇÚCAR

300 G DE CENOURA PICADA, PESADA SEM CASCA

3 OVOS

170 G DE ÓLEO DE MILHO OU GIRASSOL

COBERTURA

120 G DE AÇÚCAR

40 G DE CHOCOLATE EM PÓ

40 G DE MANTEIGA SEM SAL

20 G DE LEITE

1. Peneire a farinha com o fermento e misture o açúcar.
2. No liquidificador, bata a cenoura, os ovos e o óleo e acrescente à mistura de farinha, mexendo com a ajuda de um fouet até ficar homogêneo.
3. Leve ao forno preaquecido a 180 °C em uma assadeira retangular de tamanho médio. Asse por aproximadamente 30 minutos ou até que, espetando um palito, ele saia seco.
4. Retire do forno, aguarde 5 minutos e despeje a cobertura.

COBERTURA

Leve todos os ingredientes ao fogo até ferver e utilize.

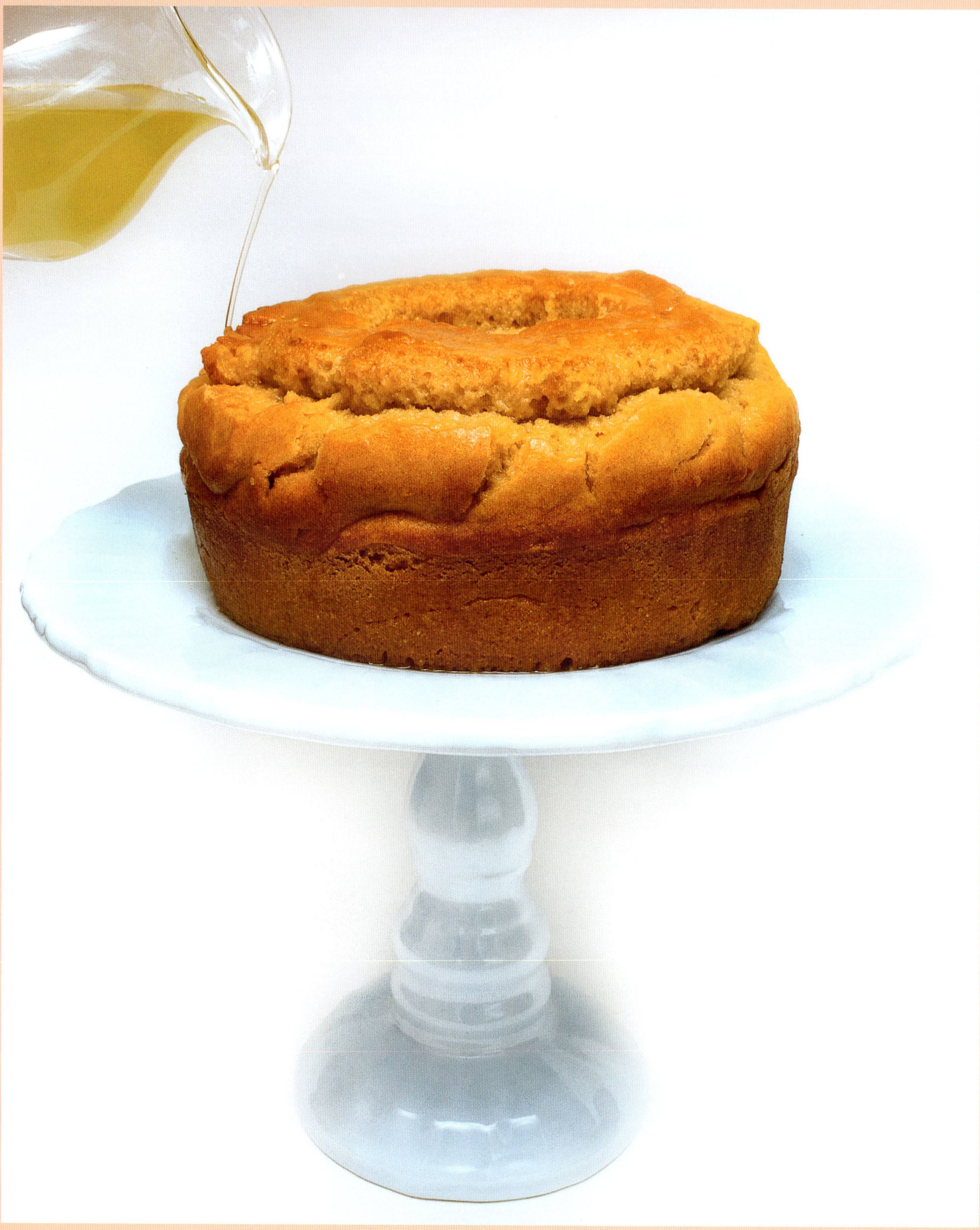

Bolo grego de semolina

INGREDIENTES

600 G DE AÇÚCAR

800 G DE ÁGUA

2 LIMÕES-SICILIANOS

250 G DE MANTEIGA SEM SAL

15 G DE EXTRATO DE BAUNILHA

5 OVOS

240 G DE FARINHA DE TRIGO

175 G DE SEMOLINA

20 G DE FERMENTO EM PÓ

1. Reserve 120 g de açúcar para o bolo. Coloque o restante em uma panela com a água, as raspas dos limões e o suco de um limão. Leve ao fogo e deixe ferver por 10 minutos, obtendo uma calda líquida e aromática. Reserve.

2. Derreta a manteiga e espere esfriar. Junte o açúcar e a baunilha e bata bem. Acrescente os ovos, um de cada vez, sempre batendo.

3. Com a ajuda de um fouet, misture a farinha de trigo, a semolina e o fermento e adicione à mistura de ovos, mexendo até ficar homogêneo.

4. Transfira a massa para uma fôrma redonda de buraco no meio medindo aproximadamente 25 cm de diâmetro, untada e enfarinhada. Leve ao forno preaquecido a 180 °C e asse até que, espetando um palito, ele saia seco.

5. Retire do forno e deixe amornar. Regue o bolo com um pouco da calda de limão já fria. Espere que seja absorvida e regue novamente.

6. Reserve um pouco da calda para servir com as fatias de bolo.

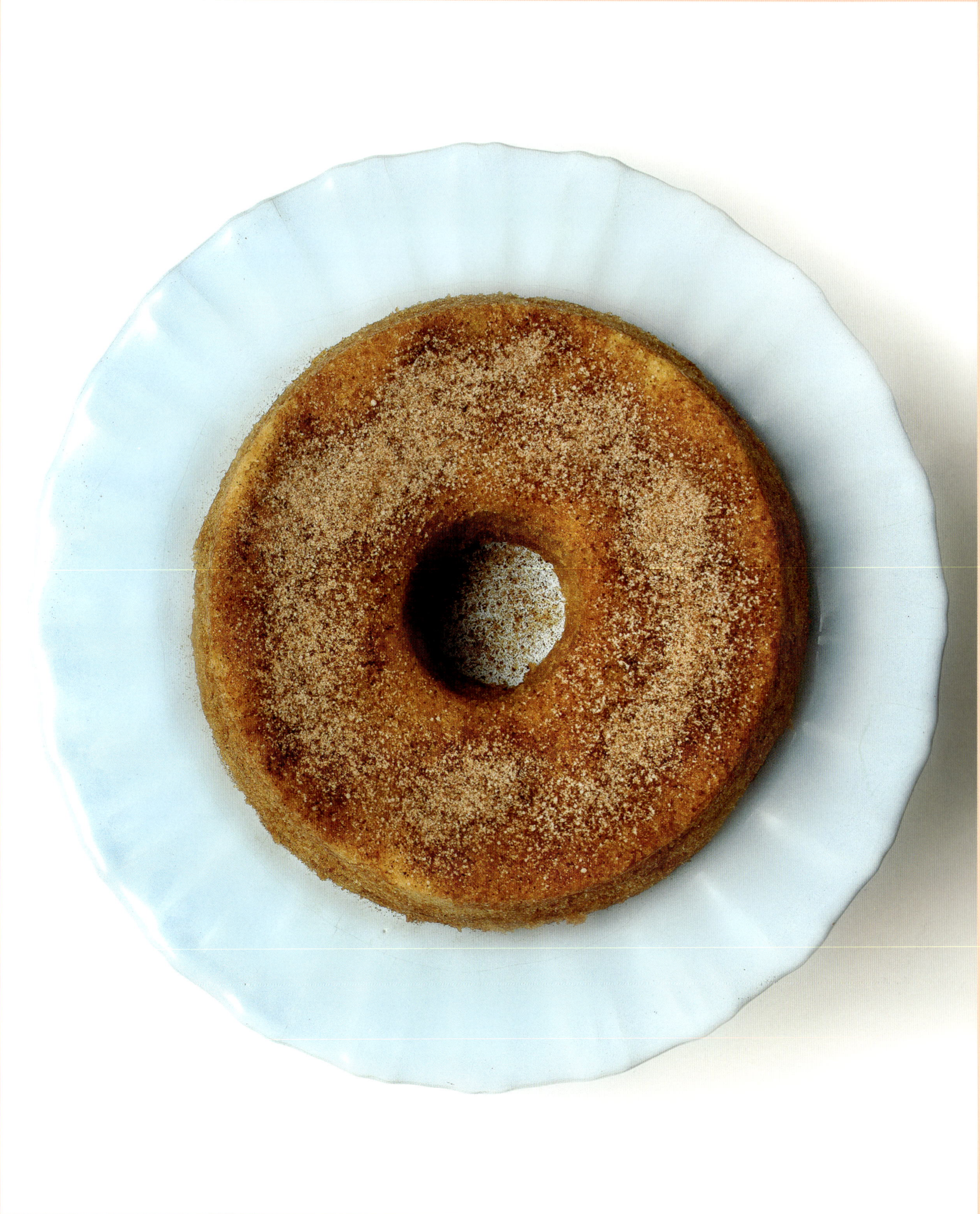

Bolo de maçã

INGREDIENTES

3 MAÇÃS DO TIPO GALA

170 G DE FARINHA DE TRIGO

10 G DE FERMENTO

5 G DE CANELA EM PÓ

125 G DE ÓLEO

140 G DE AÇÚCAR

2 OVOS

1. Pique as maçãs em cubos pequenos. Reserve.
2. Misture a farinha, o fermento e a canela. Reserve.
3. Bata ligeiramente o óleo com o açúcar e acrescente os ovos. Em seguida, junte a mistura de ingredientes secos.
4. Por fim, adicione as maçãs e leve ao forno preaquecido a 180 °C em uma fôrma redonda pequena, de 20 cm de diâmetro, untada e enfarinhada, por aproximadamente 35 minutos. Para servir, polvilhe açúcar e canela a gosto.

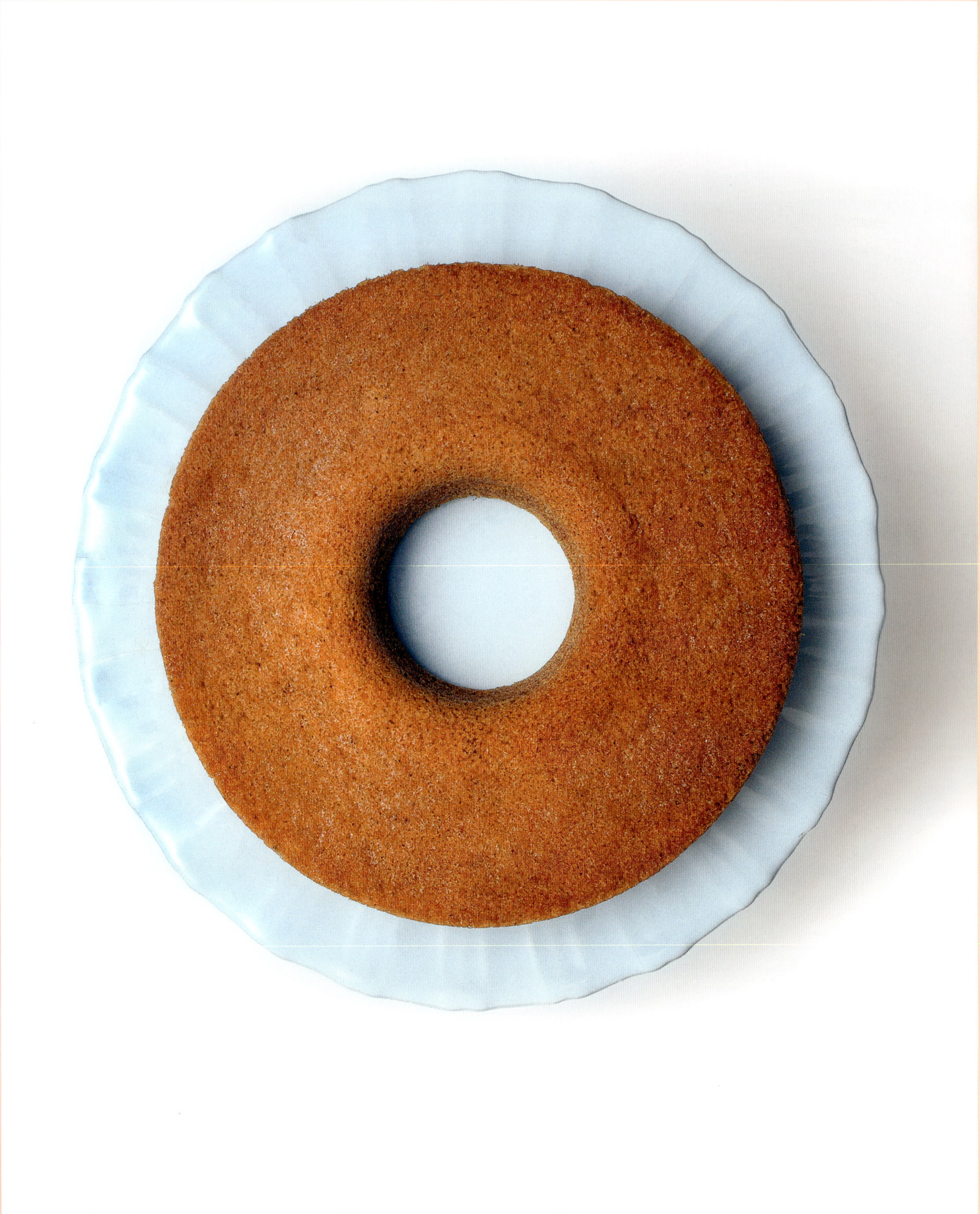

Bolo chiffon das Índias

INGREDIENTES

220 G DE FARINHA DE TRIGO

40 G DE AMIDO DE MILHO

300 G DE AÇÚCAR

15 G DE FERMENTO

SAL

2,5 G DE CANELA EM PÓ

2 G DE CRAVO MOÍDO

2 G DE NOZ-MOSCADA RALADA

6 GEMAS

100 G DE ÁGUA

100 G DE ÓLEO

8 CLARAS

5 G DE VINAGRE

1. Em uma tigela, peneire todos os ingredientes secos (farinha, amido, açúcar, fermento, sal e especiarias). Reserve.
2. Faça uma depressão no centro da mistura e adicione as gemas, a água e o óleo. Mexa até obter uma massa homogênea.
3. Bata as claras em neve e acrescente o vinagre, ainda batendo bem.
4. Adicione a massa cremosa às claras e incorpore aos poucos, com movimentos suaves.
5. Despeje na fôrma própria para chiffon e leve ao forno preaquecido a 180 °C por aproximadamente 1 hora.
6. Retire do forno, coloque a fôrma de cabeça para baixo e deixe que esfrie para desenformar.

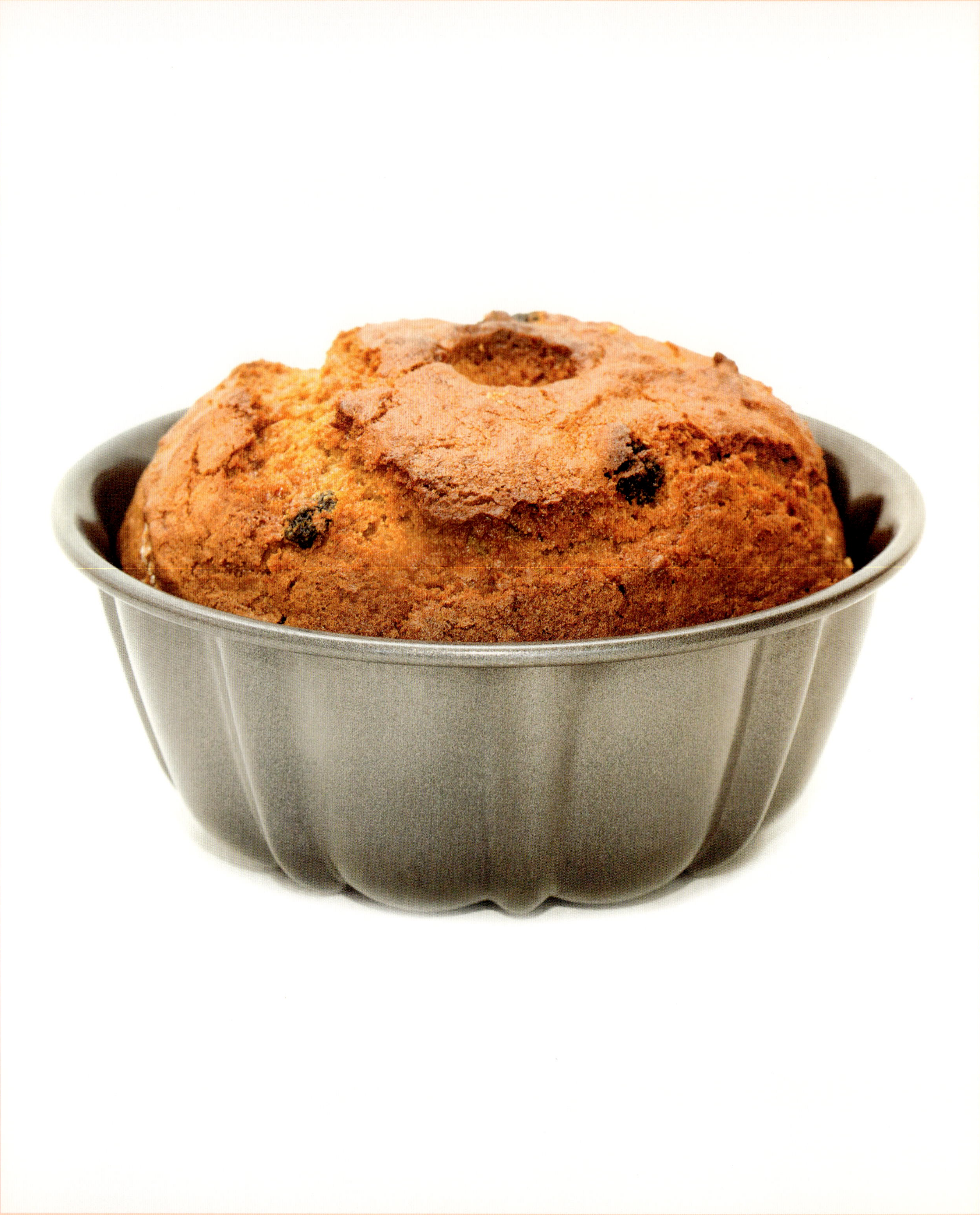

Piernik

Este bolo polonês de mel e especiarias tem massa densa e o sabor intenso desses ingredientes. Saboreie com manteiga e chá.

INGREDIENTES

85 G DE ÓLEO

4 OVOS

5 G DE CANELA EM PÓ

5 G DE CRAVO MOÍDO

5 G DE PIMENTA-DA-JAMAICA

200 G DE AÇÚCAR

5 G DE BICARBONATO DE SÓDIO

100 G DE LEITE

350 G DE MEL

560 G DE FARINHA DE TRIGO

50 G DE UVAS-PASSAS

1. Misture o óleo, os ovos, as especiarias, o açúcar e o bicarbonato de sódio.
2. Leve o leite e o mel ao fogo e deixe ferver. Despeje sobre a mistura de especiarias e, em seguida, acrescente a farinha, mexendo bem. Adicione as passas e deixe a massa repousar por 2 horas.
3. Divida em duas fôrmas médias com canudo no centro, untadas e enfarinhadas. Leve ao forno preaquecido a 180 °C por aproximadamente 40 minutos ou até que, espetando um palito no centro, ele saia seco.

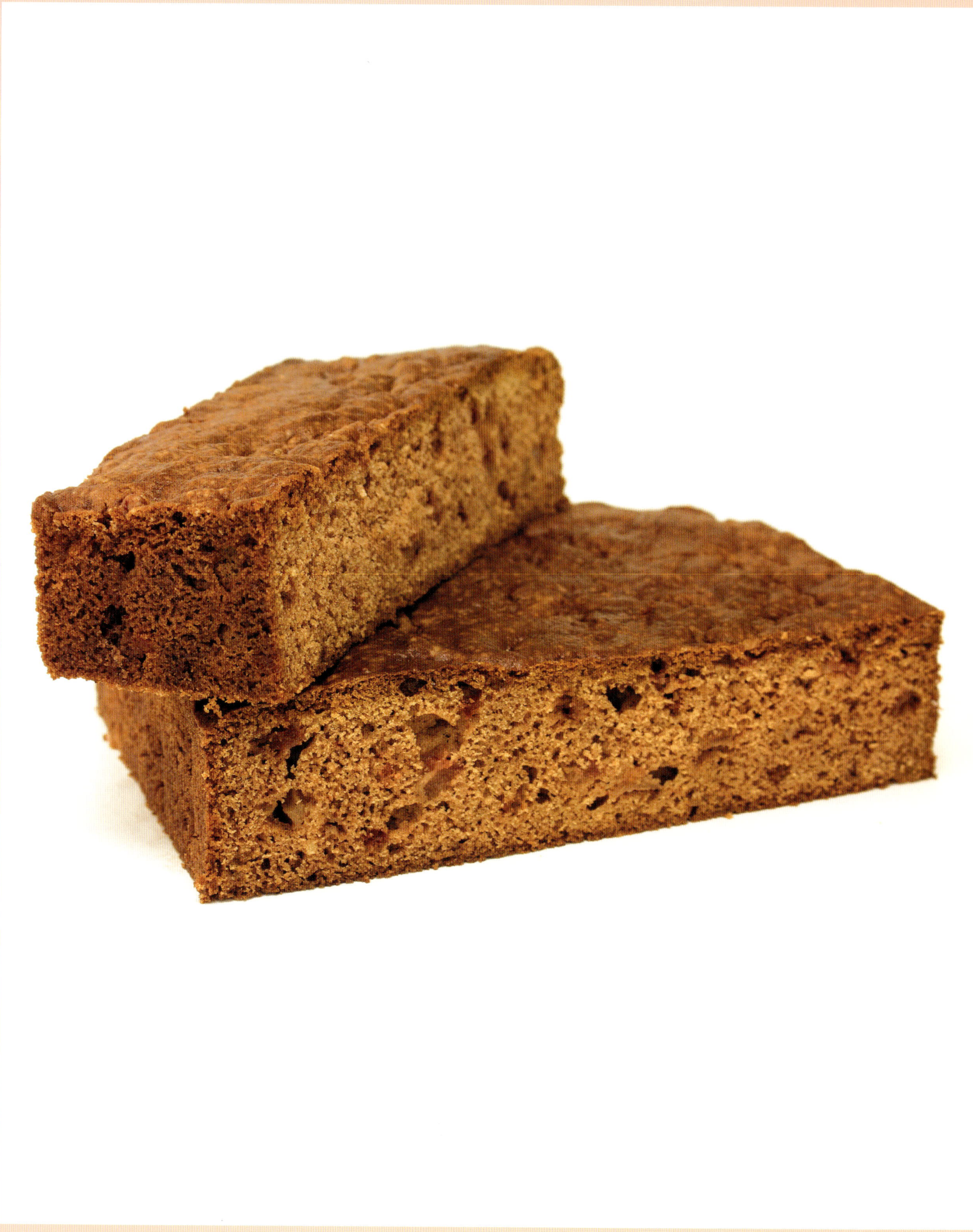

Gingerbread

O gingerbread é um bolo denso, rico e perfumado com especiarias e gengibre. Nesta versão, com maçã em cubinhos, é mais úmido e macio que o tradicional.

INGREDIENTES

140 G DE MANTEIGA SEM SAL

220 G DE AÇÚCAR MASCAVO

40 G DE MELADO

5 G DE GENGIBRE FRESCO RALADO

360 G DE FARINHA DE TRIGO

5 G DE FERMENTO EM PÓ

10 G DE BICARBONATO DE SÓDIO

140 G DE LEITE

1 OVO

2 MAÇÃS DO TIPO GALA, DESCASCADAS, SEM SEMENTES E PICADAS EM CUBOS PEQUENOS.

1. Leve ao fogo a manteiga, o açúcar e o melado. Espere esfriar, adicione o gengibre e reserve.

2. Peneire a farinha, o fermento e o bicarbonato. Acrescente o leite, o ovo batido e a mistura de manteiga reservada. Junte as maçãs e misture.

3. Leve ao forno preaquecido a 180 °C em uma fôrma quadrada de 20 cm de lado, untada e enfarinhada, por aproximadamente 35 minutos.

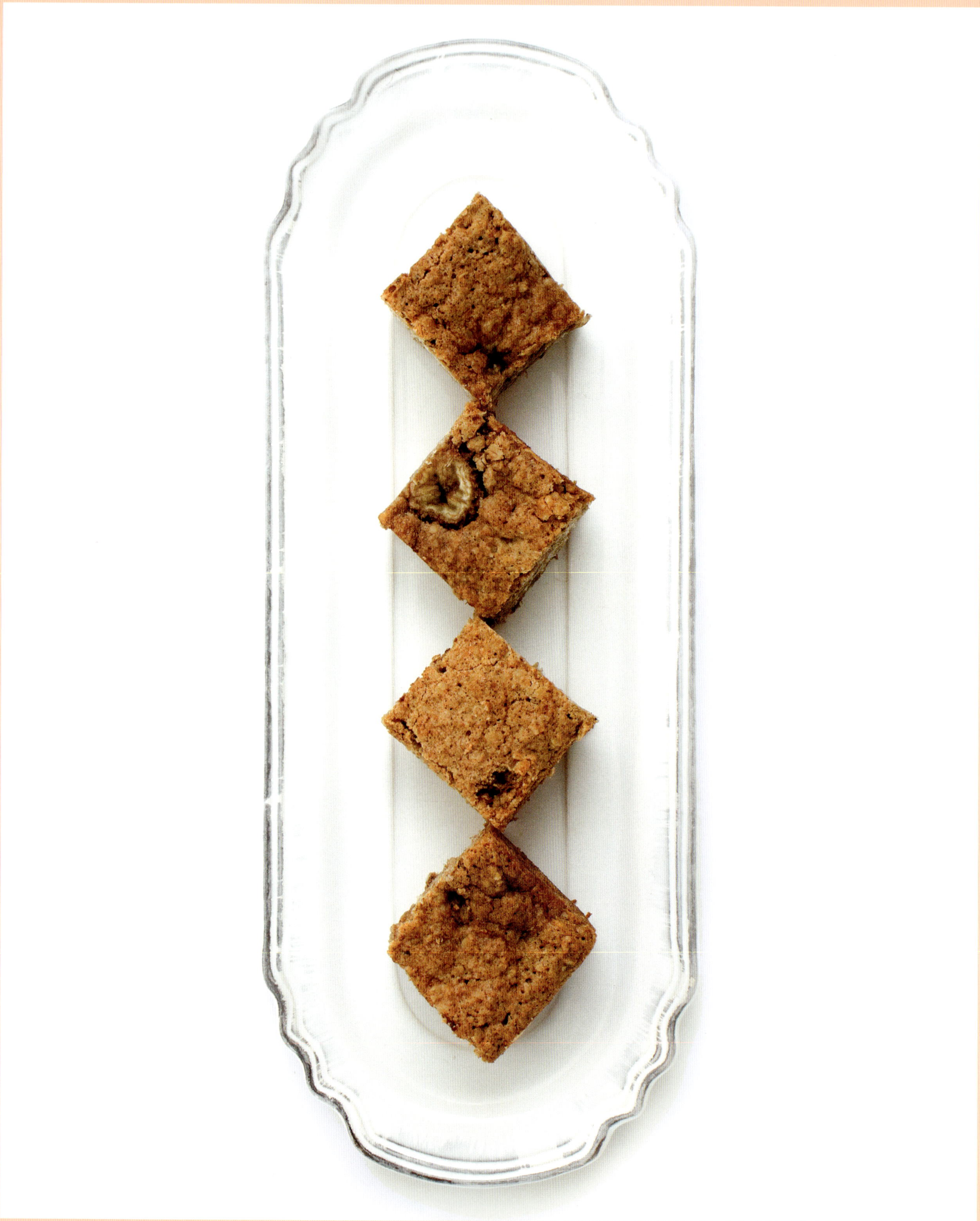

Blondie de banana com aveia

Esta receita lembra o blondie, versão mais clara do famoso brownie, denso e úmido, mas aqui aparece à base de aveia, bananas e sem chocolate. Delicioso no lanche, comido fresquinho.

INGREDIENTES

150 G DE AVEIA EM FLOCOS

160 G DE FARINHA DE TRIGO

10 G DE FERMENTO EM PÓ

2 G DE NOZ-MOSCADA RALADA

5 G DE CANELA EM PÓ

100 G DE AÇÚCAR

120 G DE AÇÚCAR MASCAVO

2 OVOS

150 G DE MANTEIGA SEM SAL, DERRETIDA

3 BANANAS NANICAS BEM MADURAS

50 G DE NOZES EM PEDAÇOS

1. Misture a aveia, a farinha, o fermento, a noz-moscada e a canela. Reserve.
2. Bata os dois tipos de açúcar com os ovos e acrescente a manteiga derretida.
3. Junte as duas misturas e, por fim, a banana em pedaços e as nozes.
4. Unte e enfarinhe uma assadeira retangular pequena e coloque a mistura.
5. Leve ao forno preaquecido a 180 °C por aproximadamente 35 minutos ou até que a massa fique dourada e, espetando um palito, ele saia seco.

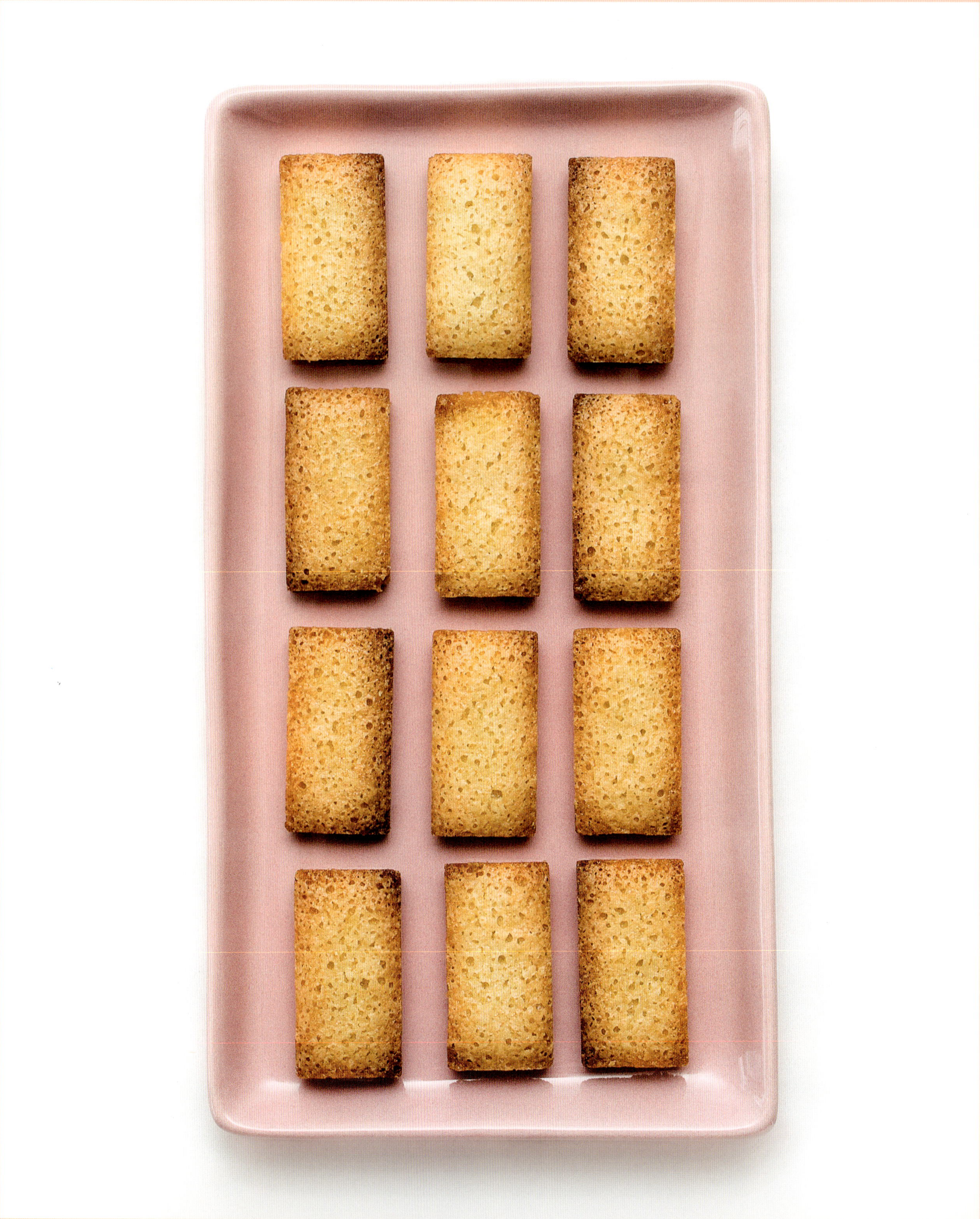

Financiers

Financiers são bolinhos individuais de origem francesa, tradicionalmente assados em fôrmas próprias, retangulares e pequenas.

INGREDIENTES

180 G DE MANTEIGA SEM SAL

120 G DE FARINHA DE AMÊNDOAS

50 G DE AMIDO DE MILHO

1 PITADA DE SAL

200 G DE AÇÚCAR

5 CLARAS

5 G DE ESSÊNCIA DE BAUNILHA

1. Prepare uma *beurre noisette*: Leve a manteiga ao fogo em uma panela e deixe que cozinhe. Primeiro ela irá derreter e, em seguida começará a ferver. Deixe ferver por alguns minutos, até que fique com uma cor dourada. Retire do fogo e espere parar a ebulição, para que as impurezas se depositem no fundo da panela. Transfira a manteiga para uma tigela, descartando as impurezas. Reserve.

2. Peneire a farinha de amêndoas com o amido de milho e o sal. Junte o açúcar e, em seguida, as claras e a essência. Misture até obter uma massa homogênea. Acrescente a manteiga derretida e mexa com uma colher, tomando cuidado para não incorporar ar à mistura.

3. Unte a fôrma de financiers e despeje a massa, preenchendo cada forminha somente até a metade.

4. Leve ao forno preaquecido a 170 °C e asse até os financiers ficarem dourados e crescidos.

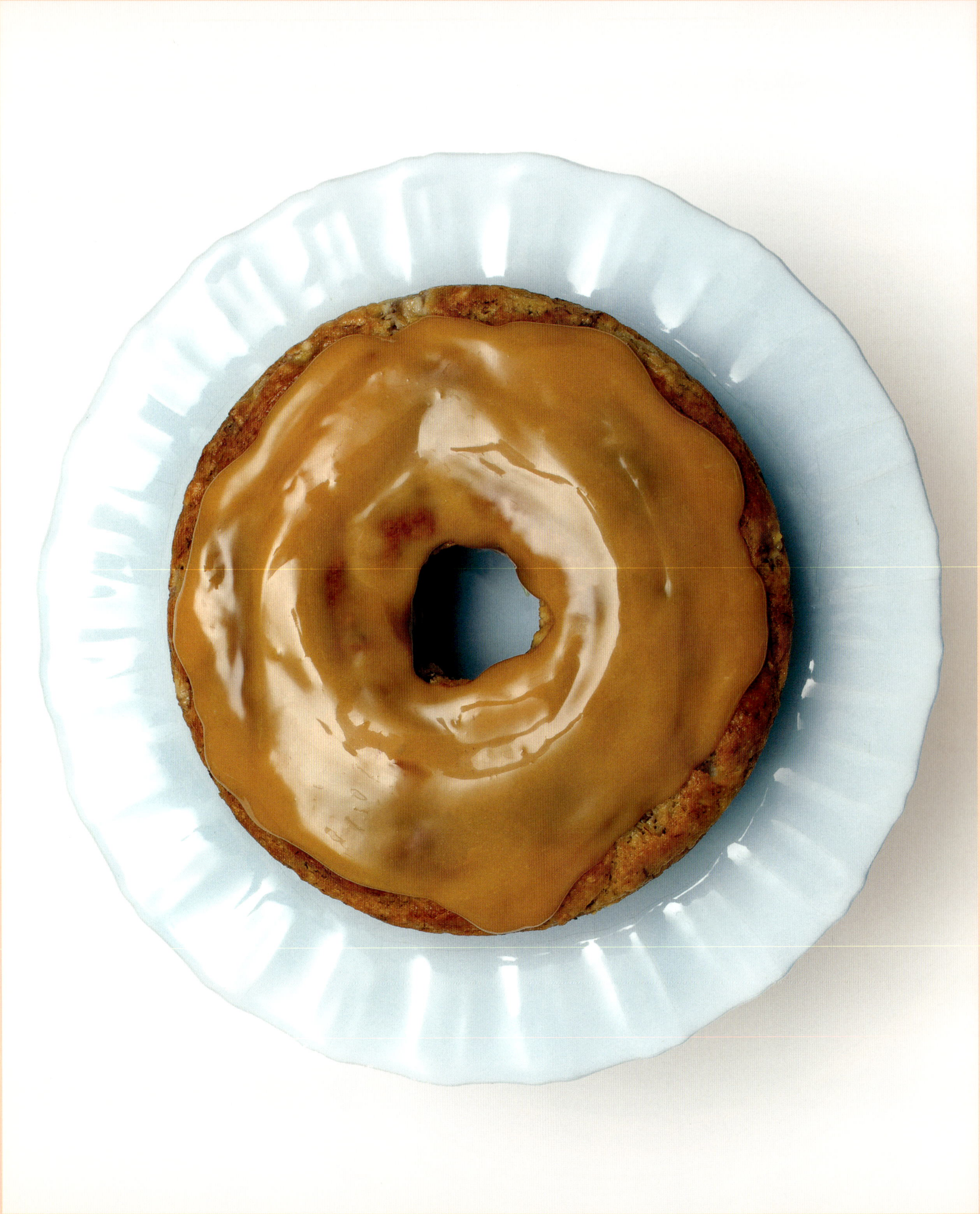

Bolo de banana com caramelo de coco

(vegano e sem glúten)

INGREDIENTES

320 G DE FARINHA SEM GLÚTEN (MISTURA DE FÉCULA DE BATATA, FÉCULA DE MANDIOCA E FARINHA DE ARROZ)

5 G DE GOMA XANTANA

5 G DE FERMENTO

2,5 G DE BICARBONATO DE SÓDIO

200 G DE LEITE VEGETAL

70 G DE ÓLEO VEGETAL

15 G DE VINAGRE DE MAÇÃ

3 BANANAS NANICAS GRANDES AMASSADAS

200 G DE AÇÚCAR DEMERARA

CARAMELO

100 G DE AÇÚCAR DEMERARA

200 G DE LEITE DE COCO

1. Junte a farinha, a xantana, o fermento e o bicarbonato. Reserve.
2. Misture os ingredientes líquidos, a banana amassada e o açúcar.
3. Junte tudo e misture até que fique homogêneo. Não bata excessivamente esta massa.
4. Despeje em uma fôrma redonda de 20 cm de diâmetro, untada com óleo e enfarinhada com farinha sem glúten. Leve ao forno preaquecido a 180 °C por aproximadamente 40 minutos.
5. Para o caramelo, leve o açúcar demerara ao fogo baixo e deixe que derreta. Adicione o leite de coco com cuidado (a mistura irá espirrar) e cozinhe em fogo baixo até que todos os cristais de açúcar se dissolvam. Retire do fogo e deixe esfriar por 10 minutos antes de utilizá-lo.
6. Depois que o bolo estiver assado, deixe esfriar por 10 minutos, desenforme, cubra com o caramelo e sirva.

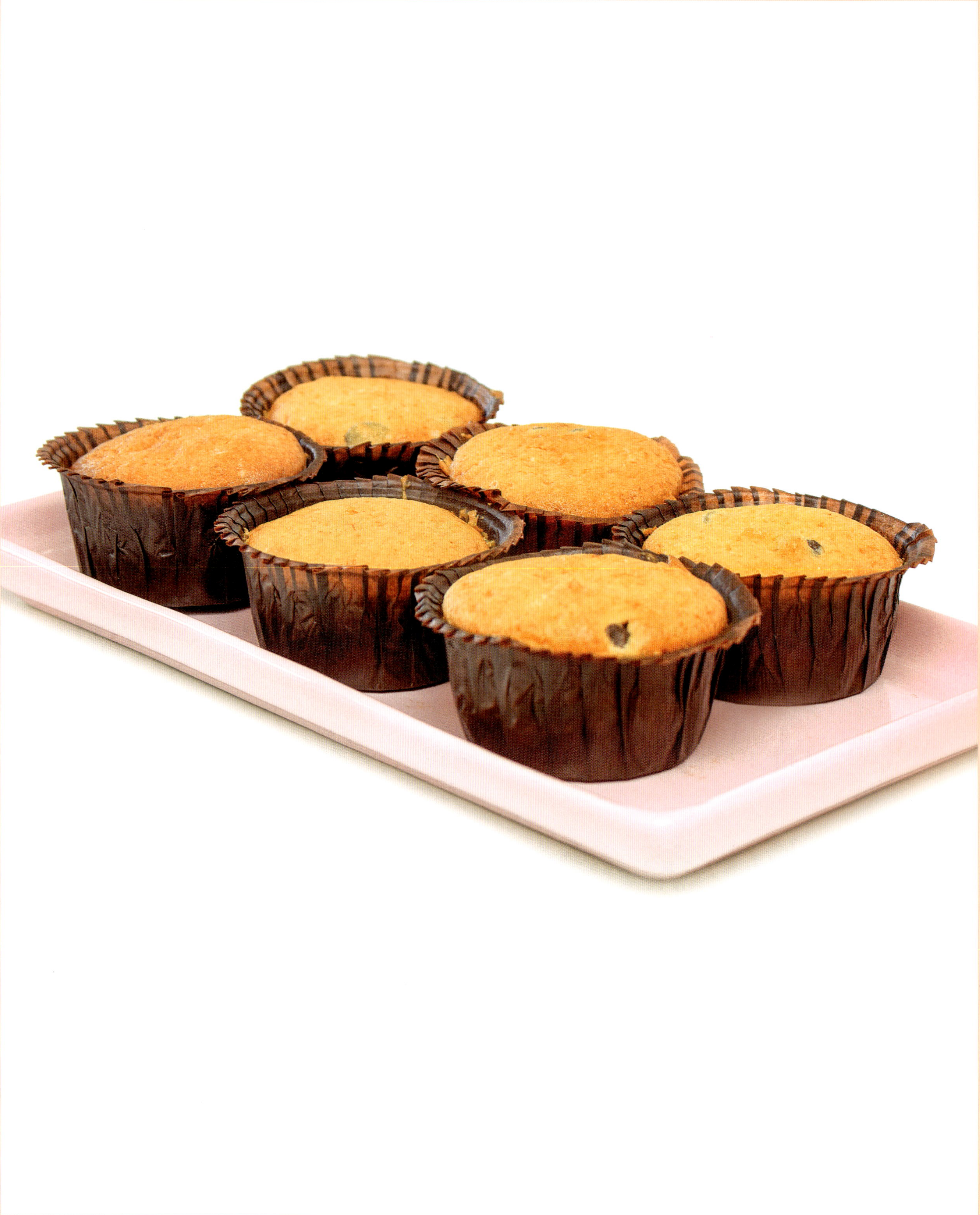

Muffins de iogurte e chocolate

INGREDIENTES

100 G DE MANTEIGA SEM SAL

200 G DE AÇÚCAR

2 OVOS

140 G DE IOGURTE INTEGRAL

50 G DE LEITE

320 G DE FARINHA DE TRIGO

15 G DE FERMENTO EM PÓ

100 G DE CHOCOLATE MEIO AMARGO, EM PEQUENOS PEDAÇOS

1. Bata a manteiga e o açúcar até obter um creme. Adicione os ovos, o iogurte e o leite.
2. Acrescente a farinha peneirada com o fermento e misture, acrescentando os pedaços de chocolate no final.
3. Divida a massa em 10 forminhas de muffins e leve ao forno preaquecido a 180 °C por aproximadamente 20 minutos.

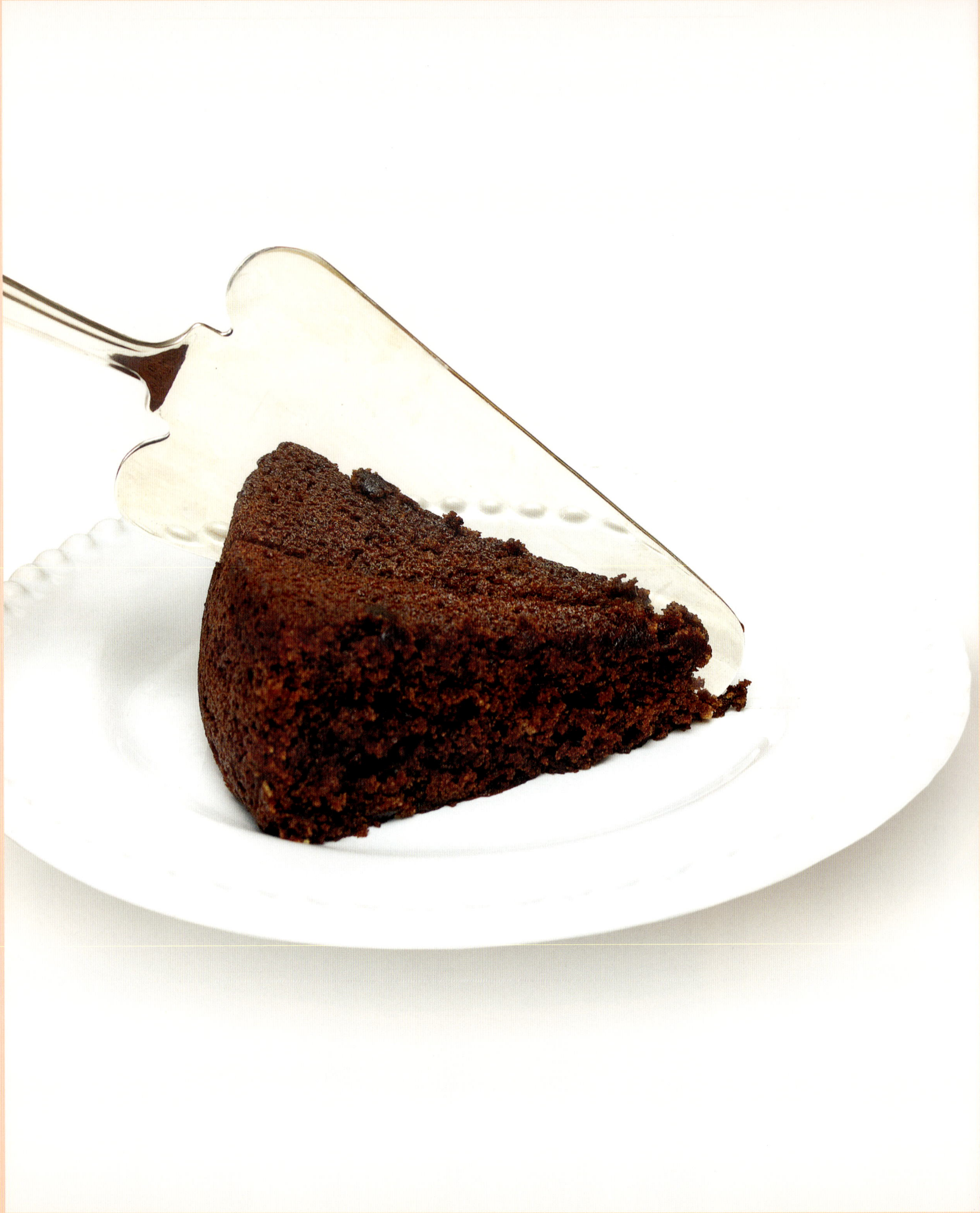

Bolo de chocolate vegano e sem glúten

INGREDIENTES

100 G DE FARINHA DE GRÃO-DE-BICO

50 G DE AMIDO DE MILHO

40 G DE ARARUTA

30 G DE CACAU EM PÓ

200 G DE AÇÚCAR

10 G DE FERMENTO EM PÓ

100 G DE ÓLEO

110 G DE PURÊ DE MAÇÃ

100 G DE CAFÉ FORTE E QUENTE

PURÊ DE MAÇÃ

1 KG DE MAÇÃ

250 G DE ÁGUA

20 G DE SUCO DE LIMÃO

20 G DE AÇÚCAR

MASSA

1. Misture os ingredientes secos em uma tigela e reserve.
2. Em outro recipiente, junte o óleo, o purê de maçã e o café.
3. Misture tudo até obter uma massa homogênea.
4. Leve para assar em forno preaquecido a 180 °C em uma fôrma redonda untada e enfarinhada, de aproximadamente 20 cm de diâmetro.

PURÊ DE MAÇÃ

1. Descasque as maçãs, retire o cabo e miolo. Corte em fatias bem finas e leve ao fogo em uma panela média, com os demais ingredientes.
2. Cozinhe em fogo baixo com a panela tampada mexendo ocasionalmente, até que as fatias estejam bem macias e comecem a desmanchar. Caso a água seque, acrescente mais água, suficiente apenas para manter a consistência de purê.
3. Com a ajuda de um mixer de mão, bata tudo até obter um purê homogêneo.

Obs.: Esta receita rende aproximadamente 600 g de purê de maçã. Caso ele não seja totalmente utilizado, pode ser congelado. Se preferir, pode ser usado purê comprado pronto.

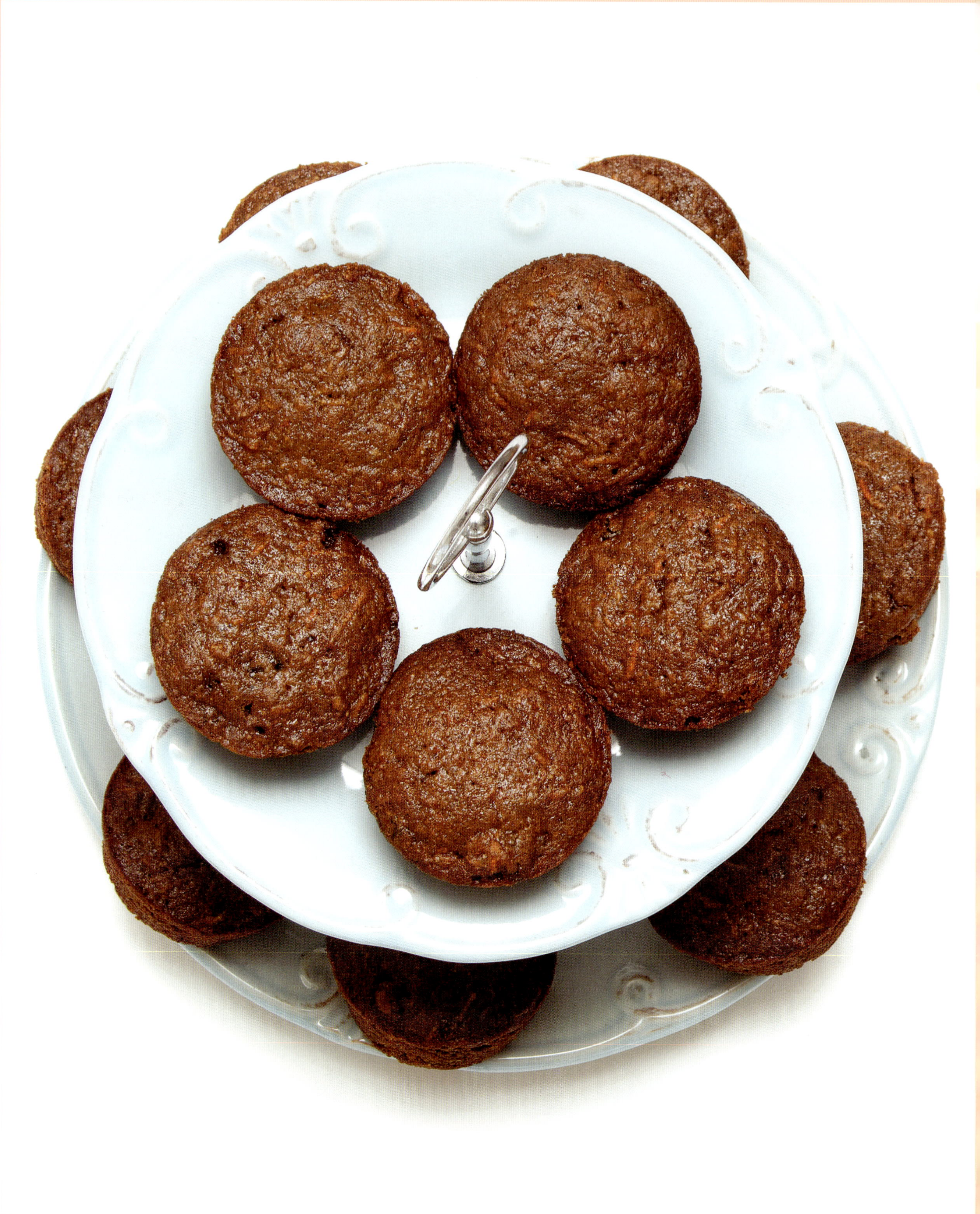

Morning Glory Muffins

Esta receita é perfeita para um muffin de café da manhã ou lanche. Os Morning Glory Muffins são bem populares nos Estados Unidos desde a década de 1960, quando surgiram.

INGREDIENTES

160 G DE FARINHA DE TRIGO

160 G DE FARINHA DE TRIGO INTEGRAL

10 G DE BICARBONATO DE SÓDIO

1 PITADA DE SAL

220 G DE AÇÚCAR MASCAVO

10 G DE CANELA EM PÓ

3 OVOS

120 G DE ÓLEO

50 G DE SUCO DE LARANJA

280 G DE CENOURAS RALADAS

50 G DE COCO RALADO

120 G DE MAÇÃ VERDE RALADA

100 G DE NOZES EM PEDAÇOS

50 G DE UVAS-PASSAS PRETAS SEM SEMENTES

1. Misture os dois tipos de farinha, o bicarbonato, o sal, o açúcar e a canela. Reserve.
2. Separadamente, misture os ovos, o óleo e o suco de laranja.
3. Acrescentar a seguir os demais ingredientes, incluindo as cenouras raladas, o coco ralado e a maçã verde ralada e misture até obter uma massa homogênea. Junte a seguir as nozes e passas.
4. Distribua nas forminhas de muffin e leve ao forno preaquecido a 180 °C. Asse até que estejam crescidos e, espetando um palito, ele saia seco.

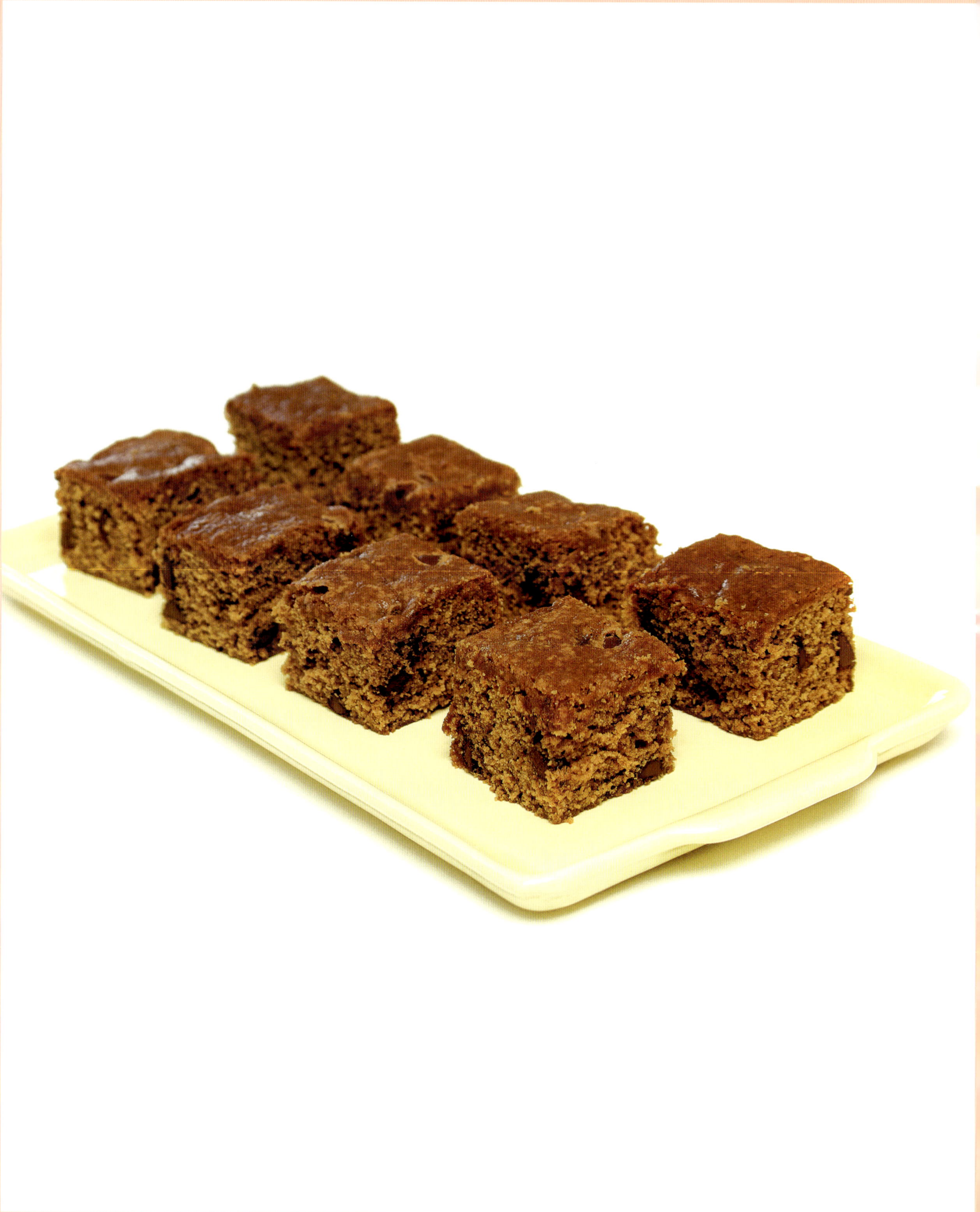

Blondie vegano com gotas de chocolate

INGREDIENTES

320 G DE FARINHA DE TRIGO

10 G DE FERMENTO

1 PITADA DE SAL

5 G DE CANELA EM PÓ

120 G DE ÓLEO DE COCO SEM SABOR

300 G DE AÇÚCAR MASCAVO

5 G DE EXTRATO DE BAUNILHA

140 G DE LEITE DE COCO

120 G DE CHOCOLATE MEIO AMARGO VEGANO, EM PEQUENOS PEDAÇOS

1. Misture a farinha, o fermento, o sal e a canela.
2. Bata o óleo de coco, o açúcar, a baunilha e o leite de coco. Acrescente à mistura de farinha e finalize com o chocolate em pedaços. Mexa bem e despeje em uma fôrma retangular de 20 × 30 cm de diâmetro, untada e enfarinhada. Leve ao forno preaquecido a 180 °C e asse até que, espetando um palito no centro, ele saia seco.

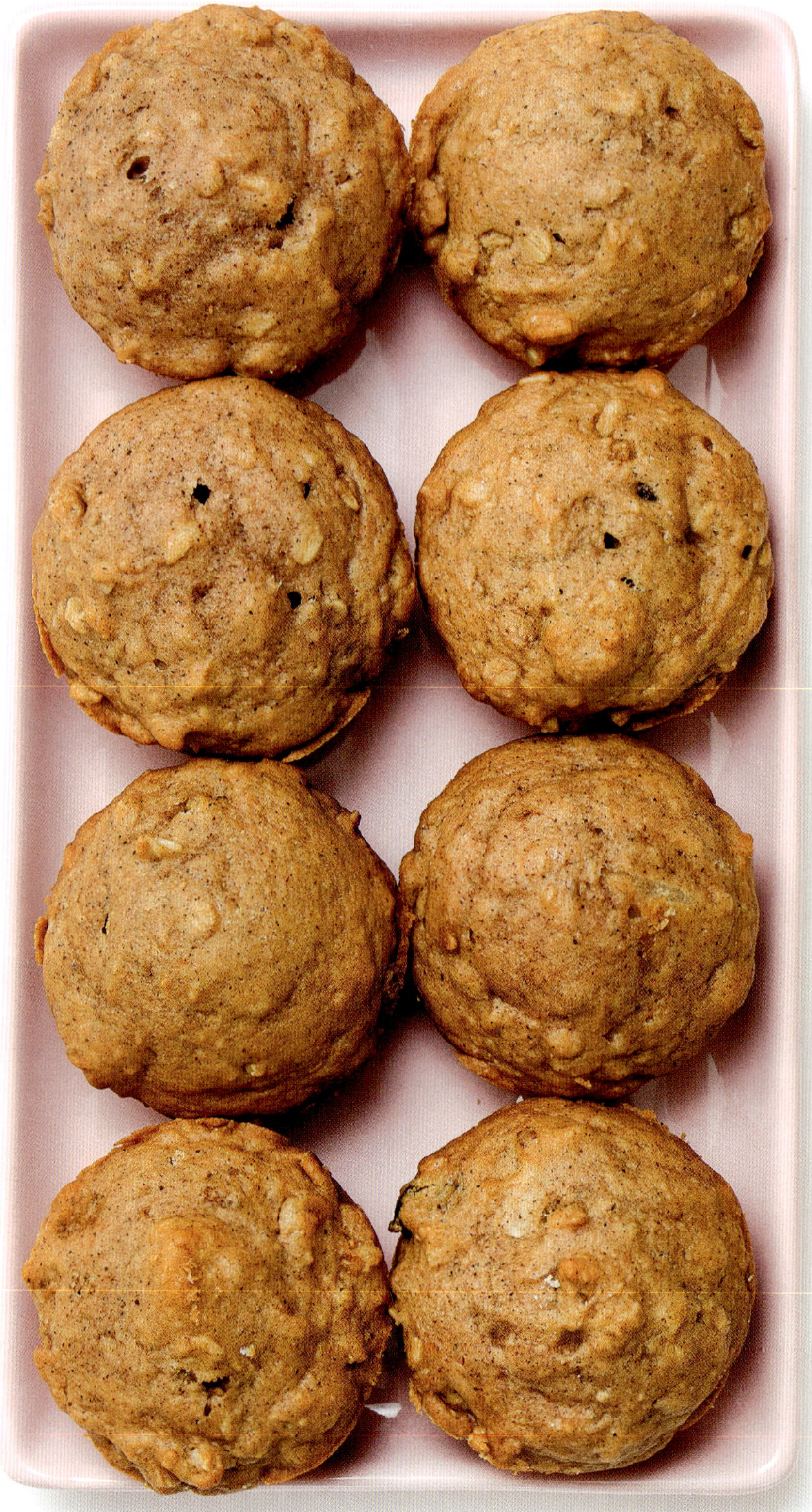

Muffins veganos de granola

INGREDIENTES

320 G DE FARINHA DE TRIGO

10 G DE FERMENTO

5 G DE BICARBONATO DE SÓDIO

5 G DE CANELA EM PÓ

100 G DE AÇÚCAR

50 G DE ÓLEO

150 G DE PURÊ DE MAÇÃ

70 G DE LEITE DE AMÊNDOAS

60 G DE GRANOLA

PURÊ DE MAÇÃ

1 KG DE MAÇÃ

250 G DE ÁGUA

20 G DE SUCO DE LIMÃO

20 G DE AÇÚCAR

MASSA

1. Misture a farinha, o fermento, o bicarbonato, a canela e o açúcar.
2. Separadamente, junte o óleo, o purê de maçã e o leite de amêndoas. Misture tudo, acrescente a granola e coloque em forminhas de muffins.
3. Leve ao forno preaquecido a 180 °C e asse por aproximadamente 25 minutos ou até que, espetando um palito, ele saia seco.

PURÊ DE MAÇÃ

1. Descasque as maçãs, retire o cabo e miolo. Corte em fatias bem finas e leve ao fogo em uma panela média, com os demais ingredientes.
2. Cozinhe em fogo baixo com a panela tampada mexendo ocasionalmente, até que as fatias estejam bem macias e comecem a desmanchar. Caso a água seque, acrescente mais água, suficiente apenas para manter a consistência de purê.
3. Com a ajuda de um mixer de mão, bata tudo até obter um purê homogêneo.

Obs.: Esta receita rende aproximadamente 600 g de purê de maçã. Caso ele não seja totalmente utilizado, pode ser congelado. Se preferir, pode ser usado purê comprado pronto.

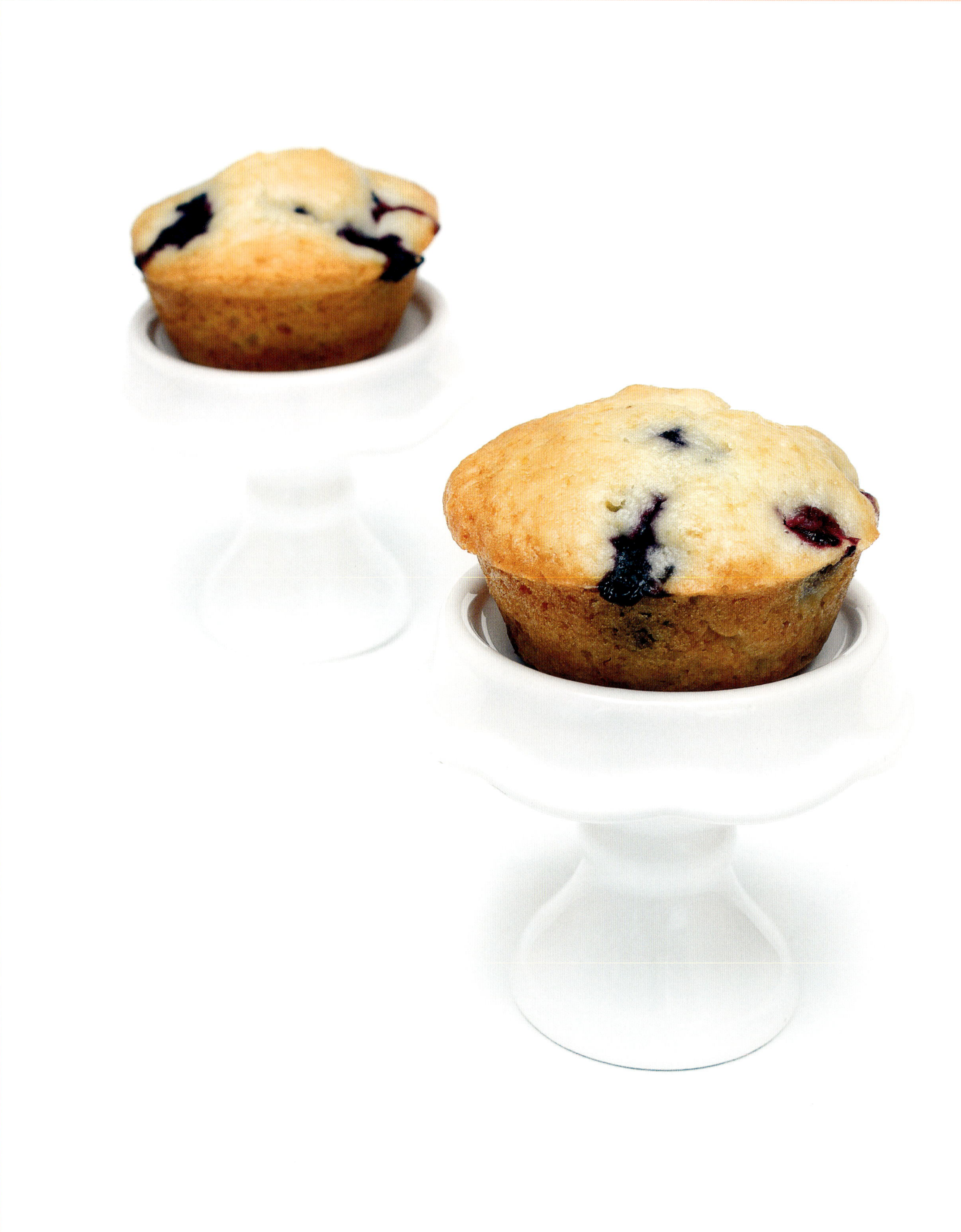

Muffins de mirtilo

INGREDIENTES

320 G DE FARINHA DE TRIGO

15 G DE FERMENTO EM PÓ

150 G DE AÇÚCAR

1 PITADA DE SAL

1 OVO

50 G DE ÓLEO

200 G DE LEITE

150 G DE MIRTILOS MADUROS

1. Misture a farinha, o fermento, o açúcar e o sal. Reserve.
2. Separadamente, junte o ovo, o óleo e o leite. Una as duas misturas e mexa levemente. Não bata a massa.
3. Acrescente os mirtilos, mexa e coloque nas forminhas de muffin. Leve ao forno preaquecido a 180 °C até que, espetando um palito, ele saia seco.

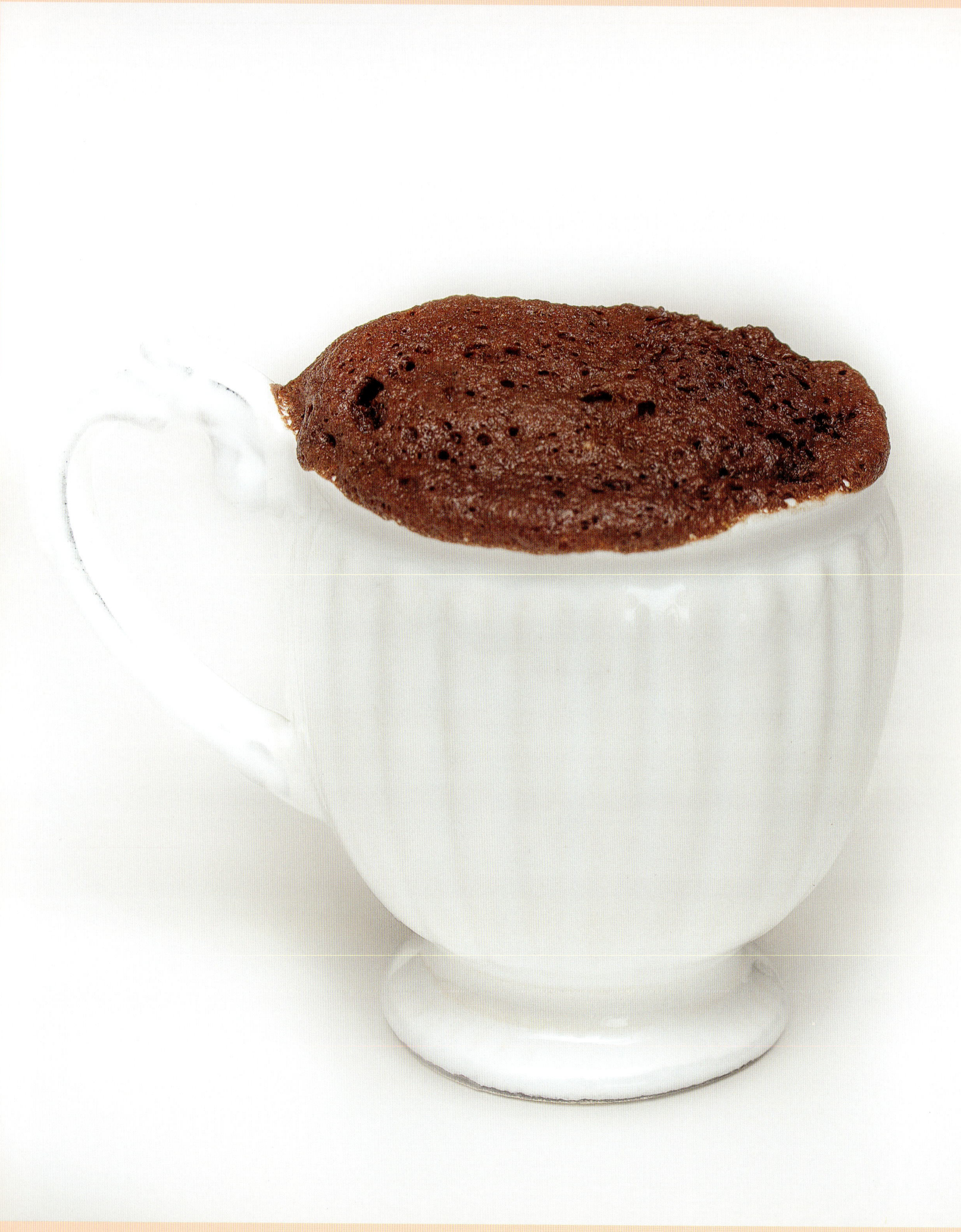

Bolinho na xícara

Que tal um minibolo que fica pronto em 5 minutos? O preparo é muito fácil, e ele é assado no micro-ondas.

INGREDIENTES

1 OVO

24 G DE AÇÚCAR

25 G DE ÓLEO

48 G DE FARINHA DE TRIGO

30 G DE CHOCOLATE EM PÓ

2,5 G DE FERMENTO EM PÓ

40 G DE LEITE

3 NOZES PICADAS

25 G DE CHOCOLATE MEIO AMARGO EM PEDAÇOS

1. Coloque o ovo em uma caneca grande. Junte o açúcar e o óleo e bata com um garfo. Acrescente a farinha, o chocolate em pó, o fermento e o leite, sempre mexendo com o garfo. Acrescente as nozes picadas.

2. Distribua em 4 xícaras de café e coloque um pedacinho do chocolate meio amargo em cada uma. Leve as xícaras ao micro-ondas por 1 minuto na potência máxima.

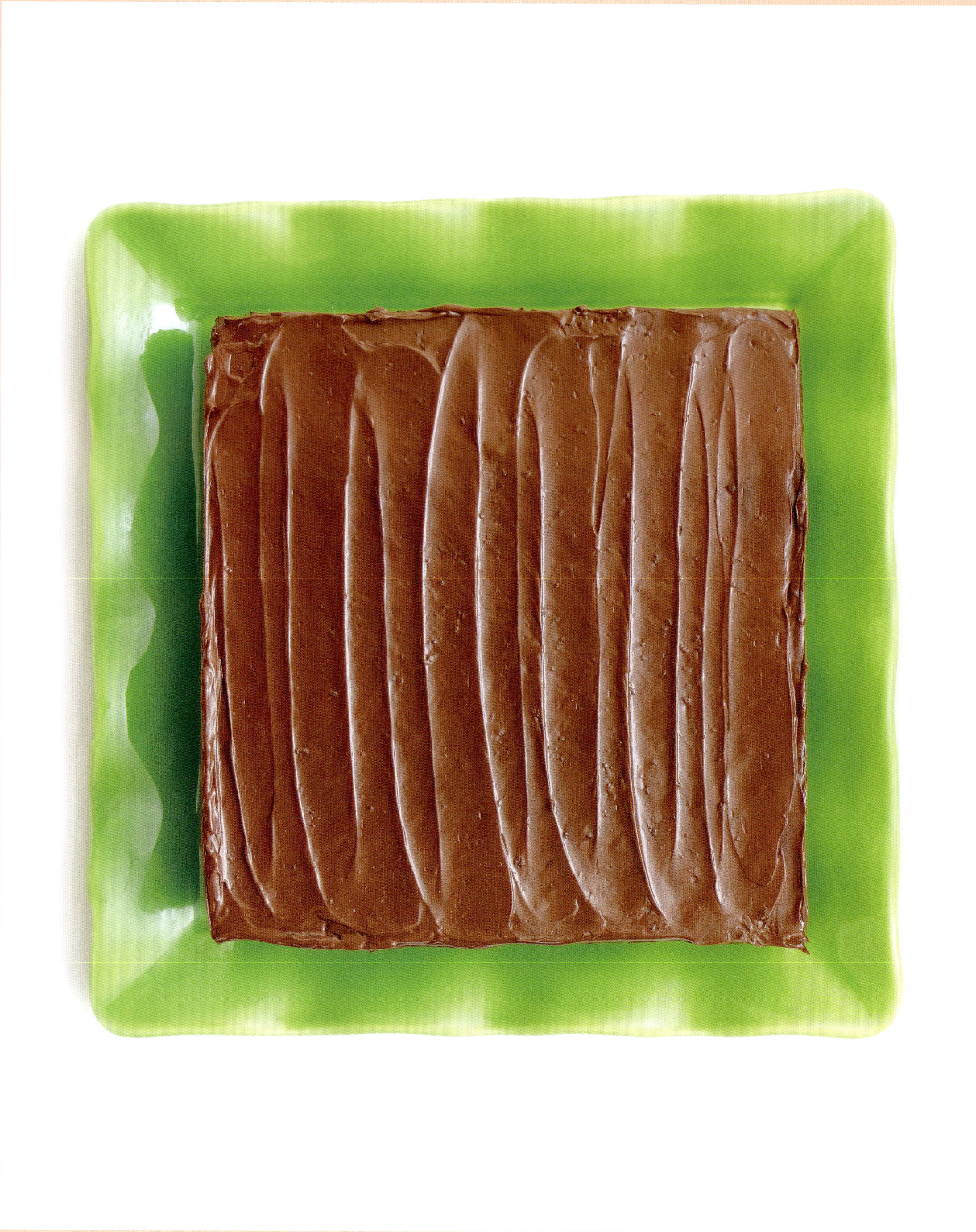

Bolo de chocolate com pera

INGREDIENTES

500 G DE PERAS MADURAS

SUCO DE ½ LIMÃO

240 G DE FARINHA DE TRIGO

5 G DE BICARBONATO DE SÓDIO

30 G DE CACAU EM PÓ

70 G DE ÓLEO DE GIRASSOL OU MILHO

150 G DE AÇÚCAR

3 OVOS

1 GEMA

50 G DE NOZES

COBERTURA

150 G DE CREME DE LEITE FRESCO

200 G DE CHOCOLATE MEIO AMARGO

1. Descasque as peras, retirando cabinhos e sementes, e corte-as em cubos. Acrescente o suco de limão para que não escureçam.
2. Separadamente, peneire a farinha com o bicarbonato e o cacau e reserve.
3. Junte o óleo, o açúcar, os ovos e a gema e bata até misturar bem. Acrescente a mistura de farinha e, por fim, as peras e nozes. Não bata demais a massa.
4. Coloque a mistura em uma fôrma quadrada de 20 cm de lado, untada e enfarinhada, e asse em forno preaquecido a 180 °C por aproximadamente 1 hora.
5. Retire do forno, espere esfriar por 10 minutos e desenforme.

COBERTURA

1. Aqueça o creme de leite até ferver. Acrescente o chocolate meio amargo picado e mexa até que derreta completamente.
2. Espere esfriar e espalhe no bolo.

Bibliografia

Comida & Cozinha: ciência e cultura da culinária
Harold Mc Gee
Editora WMF Martins Fontes Ltda
São Paulo 2014

Delícias do Descobrimento: a gastronomia brasileira no século VI
Sheila Moura Hue, com a colaboração de Ângelo Augusto dos Santos e Ronaldo Menegaz
Jorge Zahar Editora
Rio de Janeiro 2008

Açúcar: uma sociologia do doce, com receitas de bolos e doces do Nordeste do Brasil
Gilberto Freyre
Companhia das Letras
São Paulo 1997

Dicionário do Doceiro Brasileiro
Antonio José de Souza Rego; organização de Raul Loddy
Editora Senac
São Paulo 2010

The Cake Bible
Rose Levy Beranbaum
Harper Collins Publisher
Nova York 1988

Baking and Pastry: mastering the art and craft
The Culinary Institute of America
John Wiley & Sons
New Jersey 2004

Cakewalk: Adventures in Sugar with Margaret Braun
Margaret Braun
Rizzoli
Nova York 2001

The Elements of Dessert
Francisco Migoya
The Culinary Institute of America
John Wiley & Sons
New Jersey 2012

The Art of the confectioner: Sugarwork and pastillage
Ewald Notter
John Wiley & Sons
New Jersey 2012

Sobre a autora

Otávia Sommavilla é confeiteira especializada na decoração artística de bolos e desde 2007 desenvolve projetos exclusivos para o mercado de eventos.

Fez estágios na área e cursos com mestres renomados, como Margaret Braun, Colette Peters, Alan Dunn, Maisie Parrish, Debbie Brown. Estudou confeitaria vegana no *Natural Gourmet Institute*, de Nova York.

Em parceria com a Chef Morena Leite publicou o livro *Doce Brasil Bem Bolado* em 2012 e durante cinco anos foi diretora do Instituto Capim Santo, criado para capacitar jovens em risco social para o mercado de gastronomia.

Já se apresentou como chef convidada em importantes eventos literários, como a Frankfurt Buchmesse, FLIP Paraty e Bienal Internacional do Livro de São Paulo.